甘肃政法大学工商管理学科建设丛书

区域创新能力提升的多层次研究

QUYU CHUANGXIN NENGLI TISHENG DE DUOCENGCI YANJIU

付春香/著

图书在版编目（CIP）数据

区域创新能力提升的多层次研究 / 付春香著. —北京：企业管理出版社, 2019.10

ISBN 978-7-5164-2057-7

Ⅰ. ①区… Ⅱ. ①付… Ⅲ. ①区域经济发展—研究—中国 Ⅳ. ①F127

中国版本图书馆CIP数据核字（2019）第236160号

书　　名：区域创新能力提升的多层次研究
作　　者：付春香
责任编辑：陈　静
书　　号：ISBN 978-7-5164-2057-7
出版发行：企业管理出版社
地　　址：北京市海淀区紫竹院南路17号　　邮编：100048
网　　址：http://www.emph.cn
电　　话：编辑部（010）68701661　发行部（010）68701816
电子信箱：78982468@qq.com
印　　刷：北京虎彩文化传播有限公司
经　　销：新华书店
规　　格：170毫米 × 240毫米　16开本　12.25印张　202千字
版　　次：2019年10月第1版　2019年10月第1次印刷
定　　价：58.00元

前　言

党的十八大明确提出科技创新是提高生产力和综合国力的战略支撑，强调要坚持走中国特色自主创新道路、实施创新驱动发展战略。十九大报告指出，创新是引领发展的第一动力。《2018 年全国科技经费投入统计公报》数据显示：2018 年，我国研究与试验发展（R&D）经费支出为 19677.9 亿元，比上年增长 11.8%，研发经费投入强度达到 2.19%，呈现稳定提升态势。《2018 年全球创新指数报告》显示，我国已跻身全球最具创新力经济体 20 强。创新已成为区域竞争优势的重要来源。创新驱动发展战略推进的微观基础来源于组织的持续创新。员工创新行为是组织创新的关键要素，为组织持续注入活力。员工创新行为扩散至组织内外后，能够提升组织、区域乃至国家的创新能力和绩效。

本书聚焦于创新能力提升，以社会认知理论、知识管理理论、社会交换理论和人力资本理论为工具，从区域层次、组织层次、个体层次探讨了影响区域创新能力提升的各类因素及其作用机制。

在深度访谈、文献分析、专家评审的基础上，本研究自行开发出包括奖赏权、配置权和影响力三个维度的知识权力氛围量表，并分析知识权力氛围对企业创新绩效的直接影响和其通过知识共享的中介效应的间接影响；自行开发了高校创新创业教育、职业发展测量量表，探讨了高校创新创业教育与个体职业发展及组织创新的关系。

研究结果表明：区域层次上，创新人力资本投资正向影响区域的创新能力。组织层次上，一方面，企业知识权力氛围的奖赏权维度直接负向影响企业创新绩效，并通过知识共享的中介效应间接影响企业创新绩效，知识权力氛围的配置权和影响力维度正向直接影响企业的创新绩效，并通过知识共享的中介效应间接影响企业创新绩效；另一方面，高校的创新创业教育经历正向影响大学生的职业发展，进而影响组织创新。个体层次上，组织支持感会直接正向影响员工创新行为，同时，组织支持感通过组织认同的部分中介作用间接影响员工创新行为。另外，员工的绩效提升期望正向调节了组织认同对组织支持感影响创新行为的部分中介作用。研究结果使管理者更准确理解区域创新能力提升的动态跨层次作用机制和路径，为区域实施创新驱动发展战略提供一定的思路借鉴，指导具体的创新实践，实现区域经济和社会的整体进步，同时深化了社会认同、社会交换、人力资本等理论，拓展和延伸了对创新能力的专门研究。

本研究是国家自然科学基金项目“知识权力氛围影响科技人员创新行为的跨层次研究：基于认知、互惠、情感视角”（批准号：71862002）、国家自然科学基金项目“双认同视角下新生代知识员工不良工作行为影响机理的实证研究”（批准号：71362005）、甘肃政法学院科研重大项目“甘肃省创新能力提升与产业结构升级协同演进研究”（批准号：2016XZD08）的阶段性成果。感谢相关部门的资助！感谢参考文献的作者！

付春香

2019 年 5 月

目　　录

第一章

导　　论

本章主要从区域创新能力、知识管理、人力资本投资的现状出发，介绍研究背景、研究的理论与现实意义、研究的技术路线、研究方法，以及研究的创新之处。

第一节　研究意义

一、现实意义

党的十九大报告指出，中国特色社会主义进入了新时代。随着经济发展和竞争的日益加剧，我国经济进入新常态，经济发展从要素驱动、投资驱动转向创新驱动。提升区域创新能力成为实施创新驱动发展战略的现实需求（周文泳和项洋，2015），成为推动区域产业升级、占领价值链制高点，实现区域经济收敛的必由之路（Archibugi and Pianta，1994；Furman、Porter、Stern，2002；Jungmittag，2006）。《2018 年全球创新指数报告》显示，我国已跻身最具创新力经济体 20 强，说明我国正加快进程建设创新强国，提升国家整体创新能力。中国科技发展战略研究小组、中国科学院大学中国创新创业管理研究中心（2016）将区域创新能力定义为一个地区将知识转化为新产品、新工艺、新服务的能力，表现为知识获取能力、知识创造能力、企业创新能力、创新环境、创新绩效五个方面。知识的创造和流动对区域创新至关重要。要发挥知识在创新中的最大效用，就必须对创新过程中所产生和应用的知识进行有效的管理。《全国科技经费投入统计公报》数据显示：2017 年，我国研究与试验发展（R&D）经费支出 17606.1 亿元，比上年增长 12.3%，研发经费投入强度达到 2.13%。2018 年，我国研究与试验发展（R&D）经费支出为 19677.9 亿元，比上年增长 11.8%，研发经费投入强度达到 2.19%，呈现稳定提升态势。2017 年，有效专利 714.8 万件，其中境内有效发明专利 135.6 万件，每万人口发明专利拥有量 9.8 件。总的来说，区域创新投入和产出呈逐年增加态势，创新能力不断提高。但是，我国区域创新能力基本呈梯级差异分布，东部强于中、西部，中部强于西部（刘明广和李高扬，2012），而且，东、中、西部地区梯级差异愈来愈明显（程占永、李琳、李祖辉，2010）。我国地域辽阔，区域经济发展不平衡，区域创新能力的研究对于深刻认识区域经济发展不平衡的原因以及加强区域经济的协调发展都具有重要意义。研究区域创新能力提升机制有利于打开影响区域创新能力的“黑箱”，明确各区域提升创新能力的机制，尽可能缩小地区差距，推动区域经济发展动力要由要素依赖型向创新驱动型转变。

Porter（1990）把人类经济发展分为要素驱动、投资驱动、创新驱动和财富驱动四个逐步演进的阶段。以创新驱动区域经济增长将成为必然。长期以来，我国经济增长方式更多依靠低人工成本、大市场容量和政府强力推动，而非创新能力（Kim，1997；Wuetal，2009、2010）。创新能力驱动因素的过往研究主要集中于外商投资（罗军，2014；陈丽珍；2015）、创新意识的传播（Abrahamson，1991）、组织战略（Hitt et al，1996；Parnell、Lester、Menefee，2000）、组织结构（Damanpour，1991、1998；Pierce and Delbecq，1977）、个体技能素质（Mumford et al，1998；Runco and Sakamoto，1999）、创新氛围（刘云、张文勤、石金涛，2009；顾远东和彭纪生，2010）、吸收能力（许庆瑞、吴志岩、陈力田，2013）、产业升级（吴丰华和刘瑞明，2013）等个体因素和组织因素。虽然以上研究取得了一些成果，但是系统地在知识管理视角下探讨区域创新能力提升的多层次研究，就目前笔者所检索的结果看，鲜有报告。

本研究采用科学的研究方法，将研究重点聚焦于区域创新能力，基于投入（创新资源）—过程（知识管理）—产出（创新能力）的逻辑思路，以动态能力理论、知识管理理论和创新理论为理论工具，深入探讨创新资源投入中个体层次的组织支持感、组织层次的知识权力氛围和区域层次的人力资本投资，如何作用于个体层次的组织认同、组织层次的知识共享和区域层次的知识溢出，进而促进个体层次的创新行为、组织层次的创新绩效以及区域层次的创新能力提升的机制和原理。本研究结果将使管理者更准确地理解区域创新能力提升的动态跨层次作用机制和路径，为制订区域创新能力提升策略提供一定的思路借鉴，指导具体的创新实践，实现区域经济和社会的整体进步。

二、理论意义

（一）构建了“知识权力氛围”新构念作为组织层面变量，引入知识共享作为中介变量，从知识管理情境—过程—结果的逻辑路径，探究组织层次创新能力提升的作用机理，丰富和拓展了知识管理理论

知识管理以管理主体的知识吸收能力和知识合作程度为基础，以个体的知识积累为起点，以组织内的知识共享和组织间的知识扩散为传播方式，推动区域创新能力的提升（陈荃和罗爱静，2009）。知识管理成为组织管理研究的热点问题，学者们对知识管理能够增强组织创新、提升组织竞争力、鼓励知识共享等观点已达成共识。但学者们对如何实施知识管理各持已见，现有研究大多为定性研究，定量研究也主要集中于知识共享、知识异质性等单一要素，而未涉及“机理”“情境”的整体研究，少有关于组织对知识的态度和管理如何影响成员行为的定量研究。本研究基于知识管理情境（知识权力氛围）—过程（知识共享）—结果（创新绩效）的逻辑路径，构建了知识权力氛围这一新构念来反映组织成员对组织、对知识拥有者赋予奖励、晋升、信任、资源支持、尊重等权力的感知，将其维度确定为奖赏权、配置权和影响力氛围，并开发测量工具，将其作为自变量研究奖赏权、配置权和影响力氛围如何直接影响组织创新绩效，如何通过知识共享的中介效应间接影响组织的创新绩效。这种基于知识管理整体的直接效应、中介效应研究，丰富和拓展了知识管理理论。

（二）基于认知—互惠—情感视角，研究个体结果期望的调节效应、组织认同的中介效应，有助于社会认知理论和社会认同理论的拓展

社会认知理论自提出以后，很多学者用来解释组织和群体内的个人行为，

并且在实证中得到检验（Amabile and Gryskiewicz，1989；Hein and Nago，2001；Shung et al，2012；刘云、张文勤、石金涛，2009；顾远东等，2010、2011、2014；张宁俊等，2015；张振刚等，2016）。学者们对创新行为的个体影响因素侧重心理授权、自我效能、组织支持感、创新氛围、个体技能、组织认同等方面，关于结果期望的调节效应、组织认同对组织支持感影响个体创新行为的有调节的中介效应的直接研究比较少。通过结果期望的调节效应、组织认同的有调节的中介效应研究，不仅扩展研究视野，也为用社会认知理论解释创新行为提出一个新的视角，拓展社会认知理论研究。

（三）开发知识权力氛围、高校创新创业教育、职业发展、创新创业教育绩效评价测量量表，修订结果期望、知识共享、创新绩效测量量表，验证组织支持感、组织认同、创新行为等量表在中国情境下的信效度

由于知识权力氛围、高校创新创业教育、职业发展、创新创业教育绩效评价测量工具直接研究的缺失，本研究自行开发知识权力氛围、高校创新创业教育、职业发展、创新创业教育绩效评价测量量表。国内外学者虽在知识共享、创新绩效和结果期望的测量方面有所涉及，但结合中国文化背景研究少见。本研究修订现有结果期望、知识共享、创新绩效量表；验证组织支持感、组织认同、创新行为等量表在中国情境下的信效度。这一工作极具挑战性，其结果对未来相关研究非常有价值。

第二节 研究内容

一、研究框架

创新能力驱动因素的过往研究主要集中于外商投资（罗军，2014；陈丽珍；2015）、创新意识的传播（Abrahamson，1991）、组织战略（Hitt et al，1996；Parnell、Lester 、 Menefee，2000）、组织结构（Damanpour，1991、1998；Pierce and Delbecq，1977）、个体技能素质（Mumford et al，1998；Runco and

Sakamoto，1999）、创新氛围（刘云、张文勤、石金涛，2009；顾远东和彭纪生，2010）、吸收能力（许庆瑞、吴志岩、陈力田，2013）、产业升级（吴丰华、刘瑞明，2013）等个体因素和组织因素。尽管已有研究对区域创新能力提升机制研究提供了部分支持，但由于对区域创新能力提升机制多层次研究的缺乏和从知识管理视角对区域创新能力提升的动态机制专门性研究的缺失，留下了许多难以解释和需要进一步探讨的问题。区域创新能力提升主要受哪些因素影响？知识管理在区域创新能力提升中究竟起何作用？知识积累、知识共享、知识合作、知识扩散如何作用于不同层次创新能力的提升？创新资源投入、组织管理氛围和文化通过何种路径影响不同层次的创新能力提升？本研究中，我们视区域创新能力为一个具有层次性和动态性的变量，是一个区域内个体所表现出的创新行为推动组织表现出的创新绩效，进而整合为一个区域将新知识转化成新产品、新服务以及新工艺的能力。那么，区域层次的人力资本投资是否会直接影响区域的创新能力，间接影响组织的创新绩效和个体的创新行为？组织层次的知识权力氛围是否直接或间接影响组织的创新绩效，是否和如何跨层次影响个体的创新行为？个体层次的组织支持感知是否和如何影响个体创新行为？组织支持感激发个体创新行为的过程中，是否存在组织认同的中介效应？组织认同中介组织支持感对个体创新行为影响的过程中，是否存在其他的调节变量、中介变量？显然，提出并探索和解释这些问题，反映出本研究的逻辑思路和主要研究内容。本研究在创新理论、行为理论的基础上，引入人力资本理论、社会交换理论、知识管理理论、社会认知理论，提炼出区域创新能力的影响因素，从个体层次的创新行为、组织层次的创新绩效和区域层次的创新能力分别探讨各层次创新能力提升的作用机制，并探讨各层次变量之间的关系。通过对各核心变量之间的关系进行梳理，分析前因变量、中介变量、调节变量和结果变量间的关系，进而依据逻辑推理提出了变量间中介效应、调节效应、交互效应的研究假设，探索性地构建起区域创新能力提升机制的多层次研究框架（图 1-1）。

本研究将根据图 1-1 所示的模型，主要从区域层次创新能力提升机制、组织层次创新绩效提升机制、个体层次创新行为提升机制等内容展开研究。

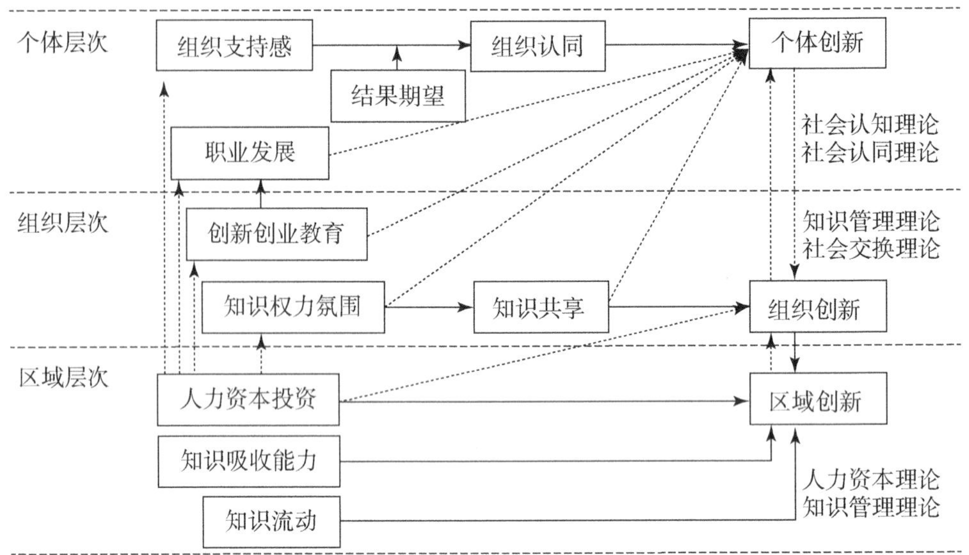

图 1-1 区域创新能力提升机制的多层次研究框架

二、研究结构

本研究的结构体现为以下六部分。

第一章 导论。本章主要从区域创新能力的现状出发，介绍区域创新能力的研究背景、研究内容、研究的理论与现实意义、研究的技术路线、研究方法等。

第二章 文献回顾。本章主要对研究涉及的相关变量，如区域层次的人力资本投资、区域创新能力，组织层次的知识权力氛围、知识共享、创新绩效、高校创新创业教育、职业发展，个体层次的组织支持感、组织认同、员工创新行为的相关文献与理论进行了梳理和整合，并对人力资本投资与区域创新能力、组织支持感与个体创新行为、知识权力氛围与企业创新绩效之间的关系和作用机理进行了述评，找出研究空间，为后续研究奠定基础。

第三章 研究总体思路与模型构建。本章首先构建了区域创新能力提升的多层次研究框架，梳理了不同层次创新之间的关系，然后介绍了本研究的社会交换、社会认知、知识管理、社会认同、人力资本等理论基础，再界定了区域创新能力、人力资本投资、组织支持感、组织认同、个体创新行为、知识权力、知识权力氛围、知识共享、企业创新绩效、高校创新创业教育、职业发展等变量，最后在已有研究成果和相关理论的基础上，基于对文献的归纳、总结、分析，构建了各层次创新的研究框架和理论模型，并提出了相关变量之间的假设。

第四章 研究设计。本章在前文文献综述和理论模型构建的基础上，对本研究设想和提出的问题进行研究方案的设计，为后一章的实证检验做准备。本章内容具体包括对区域创新能力、人力资本投资、组织支持感、组织认同、个体创新行为、知识共享、企业创新绩效等变量测量工具的选择，知识权力氛围、高校创新创业教育、职业发展等变量测量工具的开发，确定小样本预测和大样本测试对象。

第五章 实证检验。本章在上一章的基础上对正式问卷使用到的结果期望、组织支持感、组织认同、个体创新行为、知识权力氛围、知识共享、企业创新绩效、高校创新创业教育、职业发展等量表进行信度和效度分析，在此基础上对区域层次的创新能力提升模型、组织层次的创新模型和个体层次的创新模型涉及的变量之间的关系进行实证检验。

第六章 结论与讨论。本章对前文的实证检验和数据分析的结果进行整合，给出人力资本投资、区域创新能力、知识权力氛围、知识共享、创新绩效、结果期望、组织认同、创新行为等变量之间关系的主要结论，分析本研究中存在的问题和缺陷以及明确未来的研究和发展方向。

第三节 研究目标和难点

一、研究目标

本研究聚焦于区域创新能力，基于投入（创新资源）—过程（知识管理）—产出（创新能力）的逻辑思路，以人力资本理论、知识管理理论、社会认知理论和社会交换理论为工具，深入探讨创新资源投入中个体层次的组织支持感、组织层次的知识权力氛围和区域层次的人力资本投资，如何作用于个体层次的组织认同、组织层次的知识共享和区域层次的知识溢出，进而促进个体层次的创新行为、组织层次的创新绩效以及区域层次的创新能力提升的机制和原理。

（一）通过理论研究，构建解释区域创新能力提升的多层次研究模型

本研究聚焦于区域创新能力，从知识管理视角，基于个体创新环境认知（组织支持感、知识权力氛围）—过程（知识共享、组织认同）—产出（创新行为、创新绩效）的逻辑思路，以社会认知理论、知识管理理论、创新理论等为理论工具，厘清各个变量的含义（其中，知识权力氛围作为一个新构念，需要加以准确界定），梳理各个变量之间的内在逻辑关系，构建起本研究各层次的理论模型，提出研究假设。

（二）通过测量量表的开发和修订，为后续相关研究提供基础

探究知识权力氛围、高校创新创业教育绩效评价等变量的定义和构成维度，开发中国情境下知识权力氛围、高校创新创业教育绩效评价等变量的测量量表。目前，对知识权力氛围、高校创新创业教育绩效评价的研究处于起步阶段，主要为定性研究，少见知识权力氛围、高校创新创业教育绩效评价等变量测量量表。这一研究难度较高，工作量大。应修订中国情境下知识共享、职业发展、创新创业教育经历、结果期望等测量量表，使其更具针对性。

（三）通过实证研究，检验区域创新能力提升的多层次路径

在测量量表方面：自行开发中国情境下知识权力氛围、高校创新创业教育绩效评价等测量量表；修订现有的知识共享、结果期望量表；验证组织支持感、组织认同、创新行为等量表在中国情境下的信效度。在数据收集方面：本研究为多层次研究，需要100个左右组织层面的样本，1000个左右个体层面的样本。在数据处理方面：运用STATA、AMOS、SPSS等软件工具，以聚合分析、方差分析、因子分析、层级回归法、结构方程模型等为技术手段，对本研究的相关假设和模型进行实证检验。在实证检验内容方面：验证组织成员的组织支持感对创新行为的直接影响；验证个体层面的组织成员的组织支持感通过组织认同路径间接影响创新行为；着重验证组织层面的知识权力氛围通过知识共享对组织创新的影响及创新人力资本投资对区域创新能力的影响。

（四）通过策略研究，提出区域知识管理和创新管理的具体对策

对实证结果全面分析，为激发组织成员创新行为提供建议，为组织开展创新性人力资源管理和知识管理实践提供借鉴，为区域创新能力提升提供一定的思路借鉴，指导具体的创新实践。通过对组织知识权力氛围的研究为治理“重研究轻应用”“重数量轻质量”“重精英轻大众”“重奖励轻鼓励”等现象提供思路。

二、研究难点

本研究基于投入（创新资源）—过程（知识管理）—产出（创新能力）的逻辑思路，以人力资本理论、知识管理理论、社会认知理论等为理论工具，深入探讨创新资源投入中个体层次的组织支持感、组织层次的知识权力氛围和区域层次的人力资本投资，如何作用于个体层次的组织认同、组织层次的知识共享和区域层次的知识溢出，进而促进个体层次的创新行为、组织层次的创新绩效以及区域层次的创新能力提升的机制和原理。如何结合现实中的各种管理问题及相关理论，搭建本研究的理论框架及科学的理论模型，选择合适的研究对象、采取科学的研究方法进行实证检验和整合分析，并据此提出管理策略，就尤为必要。

由于对知识权力氛围、高校创新创业教育绩效评价的直接研究少见，已有研究主要以定性为主，对知识权力氛围、高校创新创业教育绩效评价的维度确定与测量的研究少见，因此，除了需要理论支撑和概念模型构建的支持之外，如何界定知识权力氛围、明确高校创新创业教育绩效评价的定义、确定核心维度、构建有效的知识权力氛围及高校创新创业教育绩效评价量表，也是一项开拓性的工作。

对已成熟的量表进行验证、拓展或修订，验证在中国情境下知识共享、职业发展、结果期望量表，这又是一个新的挑战和难点。

第四节 研究方法和研究路线

一、研究方法

本书的研究方法分为两个层次。第一层次是指导本文研究整体工作进展的方向和基本方法。首先在查找文献、梳理相关理论的基础上使用规范研究的方法对整个研究进行理论的逻辑推理，形成本文的各层次创新能力作用机理的理论模型。再用实证研究的方法来证明所提出的理论模型和相关研究假设，并将实证研究的结论予以归纳总结，基于实证结果提出创新能力提升的相应管理策略，深化对创新理论的研究。本研究力求做到：实证分析与规范分析相结合、历史研究与逻辑研究相结合、微观的经验分析与宏观的理论分析相结合。

第二层次的具体研究方法主要针对研究中相关数据的获得与处理。根据区域创新能力提升的多层次框架和研究内容，采用观察、访谈、问卷调查等多种方法收集和分析资料，并对结果从多角度分析，揭示管理现象背后的本质。因此，本研究将努力运用多种方法找寻对知识权力氛围、知识共享、创新绩效、创新创业教育绩效更本质的描述，降低研究过程中的主观效应，避免因研究者个人主观影响，而对研究现象和结果做出不当解释。

二、研究路线

在员工集中的工作场所用民族志、观察等方法，基于交互式的实地调查，从对员工的初始观察入手，在自然情境下观察、访问、记录员工对组织环境、氛围等的认知是否 / 如何变化，这些变化对员工的组织认同、知识共享、创新行为、组织的创新绩效是否 / 如何产生影响，并收集数据，对个体层次和组织层次创新的作用机理做全面、系统的描绘，推出初步的结论；在此基础上进一步深入观察，然后修正和完善研究结论。对一些无法观察到的深层次的心理现象（如结果期望、知识权力氛围）将访谈法和问卷法结合，收集和了解个体对自我和组织奖赏、资源配置等权力的认知。运用问卷调查法调查、收集员工个体对组织环境的认知、评估和应对、创新行为、创新绩效等信息，并进行相应的数据统计分析。最后，在结合民族志、访谈和问卷研究发现的基础上充分将各种方法的结果进行系统的对比分析，最终分析找出值得信赖的研究结果，提出针对新生代知识员工行为的研究结论和对应的管理策略。本研究的研究方案与路线如图 1-2 所示。

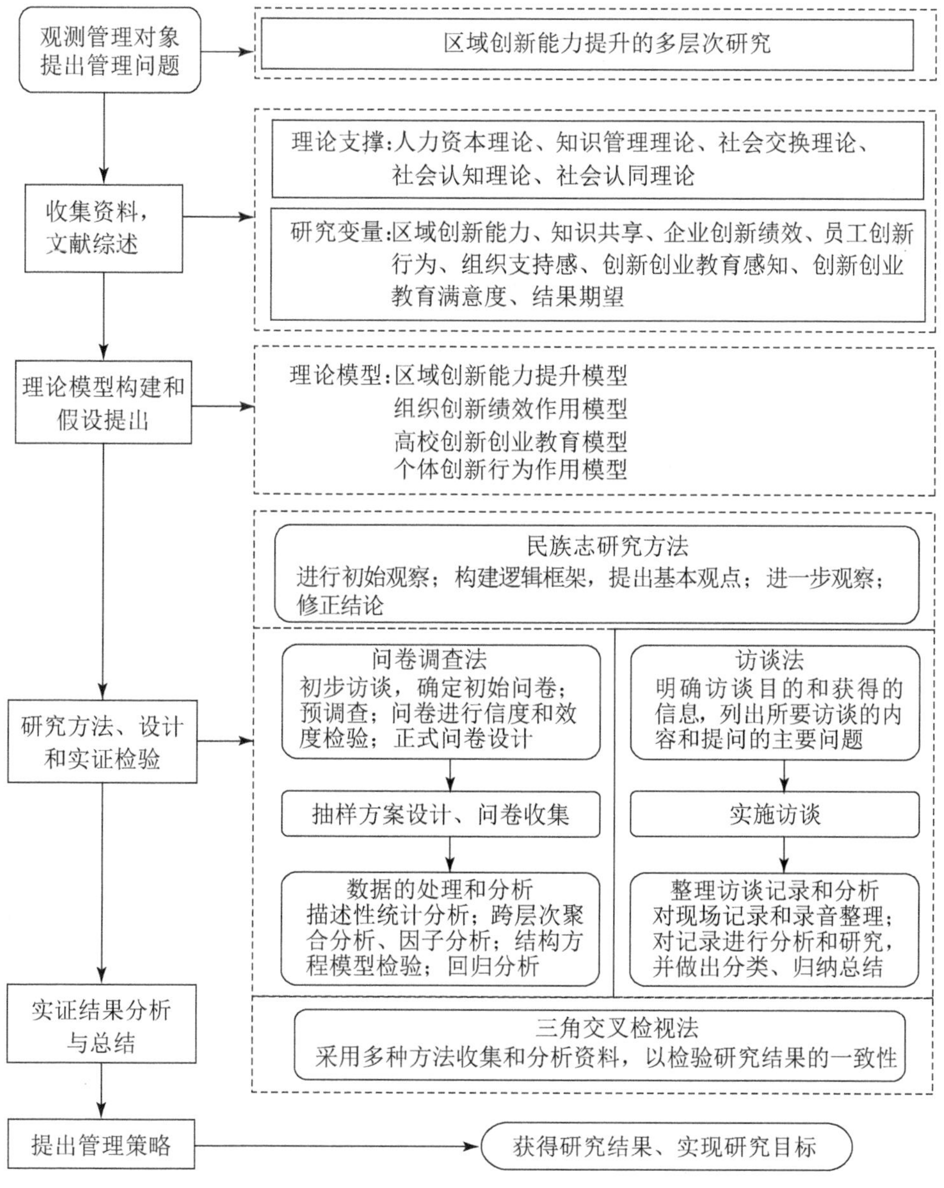

图 1-2 研究方案与路线

第五节 研究创新之处

一、从知识管理的情境—过程—结果逻辑路径，探究了组织创新的作用机理

知识管理成为组织管理研究的热点问题，学者们对知识管理能够增强组织创新、提升组织竞争力、鼓励知识共享等观点已达成共识。但学者们对如何实施知识管理各持己见，现有研究大多为定性研究，定量研究也主要集中于知识共享、知识异质性等单一要素，而未涉及“机理”“情境”的整体研究，少有关于组织对知识的态度和管理如何影响成员行为的定量研究。本研究基于知识管理情境（组织知识权力氛围）—过程（知识共享）—结果（创新绩效）的逻辑路径，构建了知识权力氛围这一新构念来反映组织的奖励、晋升、信任、资源支持、尊重等情况，确定为三个维度：奖赏权、配置权和影响力。本研究还开发了测量工具，对量表的信效度进行了检验；将知识权力氛围作为自变量研究知识权力的奖赏权、配置权、影响力氛围如何接影响组织的创新绩效，如何通过知识共享的中介效应间接影响组织的创新绩效。这种基于知识管理整体的直接效应、中介效应研究，丰富和拓展了知识管理理论。

二、基于区域、组织、个体三个层次对创新能力提升进行了探索研究

本研究从区域、组织、个体三个层次，基于认知、互惠视角，整合社会交换理论、社会认同理论、人力资本理论、社会认知理论和知识管理理论，提炼出影响区域创新能力的因素，探索性地构建起区域创新能力提升的多层次研究框架。

（一）区域层次

在区域层次上，基于人力资本理论，探究了政府通过教育、培训、健康、研发等人力资本投资，直接提升区域创新能力的机制。

区域创新人力资本投资即区域通过增加教育、研发、培训等人力资本投资，一方面直接提升区域内居民素质，积累知识和技能，将新知识转化成新产品、新服务以及新工艺；另一方面又体现为对各类创新人才的集聚力，通过创新人力资本投资吸引更多的资金、创新人才流入，给劳动力市场带来外溢效应，提升区域创新能力。

（二）组织层次

在组织层次上，主要将企业和高校作为研究对象进行分析。从企业看，横向上，引入知识权力氛围，一方面知识权力氛围直接影响组织的创新，另一方面通过知识共享的中介效应间接影响组织创新；纵向上，组织层面的知识共享氛围影响知识所有者对组织给予自己的情感支持和工具支持感知，进而跨层次影响个体的创新行为，组织成员间的知识共享也进一步增强了个体对组织的认同感，进而激发个体的创新行为。从高校看，高校的创新创业教育会影响员工的职业发展的满意度和创新度，进而影响其创新行为。

（三）个体层次

在个体层次上，将组织支持感作为自变量，引入结果期望作为调节变量，引入组织认同作为中介变量，从认知—情感—行为的逻辑路径，探究个体创新行为激发的机制和原理，丰富和拓展了社会认知理论。

社会认知理论自提出以后，很多学者用来解释组织和群体内的个人行为，并且在实证中得到检验（Amabile and Gryskiewicz，1989；Hein and Nago，2001；Shung et al，2012；刘云、张文勤、石金涛，2009；顾远东等，2010、2011、2014；张宁俊等，2015；张振刚等，2016）。学者们对创新行为的个体影响因素侧重心理授权、自我效能、创新氛围、个体技能、组织认同等方面，关于情感视角下的组织认同、认知视角下的组织认同如何共同作用于创新行为的机理研究少见。有调节的中介效应研究，不仅扩展研究视野，也为用社会认知理论，尤其是积极心理学解释创新行为提出一个新的视角，推动已有理论向前发展，拓展社会认知理论。

三、开发和修订了知识权力氛围、知识共享、高校创新创业教育绩效评价等测量量表

国内专家、学者以及实践工作者在各自的领域与专长方面对知识共享、高校创新创业教育、知识权力等研究均有不同程度的涉猎，但在研究中大都借鉴、采用国外的相关量表对有关问题进行分析研究。本研究在中国文化背景下构建了知识权力氛围、高校创新创业教育绩效评价等测量量表，修订了知识共享、结果期望的测量量表，验证了组织认同、创新行为等测量量表，其研究成果可以拓展到其他群体，为一些管理问题和社会问题的解决提供新的思路和视角。

第二章

文献回顾

本章主要对研究框架中涉及的区域层次、组织层次、个体层次的变量，如区域创新能力、知识权力氛围、知识共享、组织支持感、高校创新创业教育的相关文献进行了梳理和整合，并对变量间的关系和作用机理进行了述评，找出研究空间，为后续研究奠定基础。

第一节　区域层次创新能力研究

一、区域创新能力定义

以循环经济、生物技术和人工智能等为主的技术革命伴随着“第四次工业革命”浪潮不断涌现，科技创新能力成为新一轮全球价值分配权的重要筹码（李健和鲁亚洲，2019），也成为区域发展的重要动力。

能力的本质是高级知识，可以通过行为和绩效测量（Duttaeral，2005；Nelson and Winter，1982）。传统的能力理论与演化经济学都认为能力具有一定的稳定性和惰性。Lavie（2006）提出三种能力重构方式：能力替代（二次创新）、能力转换（集成创新）、能力进化（原始创新）。创新能力强调知识的吸收、整合、创造。Freeman（1987）第一次提出了区域创新；里德尔等（Riddle et al，2003）认为“区域创新能力是一个地区创新的潜力，这种潜力最终变为商业发展的动力”；图拉（Tura，2005）认为“区域创新能力是一个主体在创新活动中所具有的对环境变化做出反应的能力和利用现有资源的能力”。甄峰、黄朝永、罗守贵（2000）将区域创新能力定义为，在充分利用现代信息与通信技术基础上，在创新过程中，不断将知识、技术、信息等要素纳入社会生产过程中的能力。方秀文（2001）认为区域科技创新能力指区域内各科技创新要素相互作用的结果，是区域科技创新结构优化与功能发挥程度的反映，主要包括：遇到时空下科技活动中的人、财、物的投资，科技成果产出水平的提高，科技与区域经济社会发展的结合程度。柳卸林和胡志坚（2002）认为：区域创新能力是一个地区将知识转化为新产品、新工艺、新服务的能力。朱海就（2004）认为区域创新能力是“区域成功地利用新知识的能力”。唐彦东（2003）认为，区域创新系统由创新主体、创新基础设施、创新资源、四个创新环境组成。中国科技发展战略研究小组认为（2005）“区域创新能力为一个地区把新知识转化成新产品、新服务以及新工艺的能力”。何亚琼和秦沛（2005）认为，区域创新能力不仅取决于区域内各创新行为主体的创新能力和各类创新资源的丰裕度，更取决于各创新行为主体在相互作用中所采取的集成运作方式。任胜刚等（2007）认为“区域创新能力是在这个地区特定的环境条件下，创新投入与产出比的情况”。肖庆业（2009）认为，区域创新能力表现为一个地区将知识转化为新产品、新工艺和新服务的综合能力。曹广喜等（2009）认为“区域创新能力是为了区域的发展，整合各类能够起到创新作用要素的能力”。韩春花和佟泽华（2016）将区域创新能力定义为区域内高校、企业、研发组织各类创新主体将创造出来的成果转化为新产品、新服务的能力。本研究认为区域创新能力是一个具有层次性和动态性的概念，是一个区域内个体所表现出的创新行为推动组织表现出的创新绩效，进而整合为一个区域将新知识转化成新产品、新服务以及新工艺的能力。

二、区域创新能力评价

阿斯海姆（Asheim，2002）认为区域创新能力评价体系应基于企业及制度基础设施两方面进行。中国科技发展战略研究小组（2005）构建了包括知识创造能力、知识获取能力、企业创新能力、创新环境，以及创新绩效五类指标的区域创新能力评价框架。与外观设计专利、实用新型专利相比，发明专利更具有价值，更能体现新产品和新工艺（赵彦云、刘思明、侯鹏，2011），很多学者（Krammer，2009；赵彦云等，2011；侯鹏和刘思明，2013）采取专利申请及授权量来度量区域创新能力。魏阙和戴磊（2015）构建了包括创新投入、创新产出、创新活动的基础、产业集群环境四类的指标体系。高亚满（2015）运用 DEA，从知识创造、知识获取、企业创新、创新环境和创新绩效五个方面对山西省的创新能力及创新绩效进行了分析与评价。曾月征和袁乐平（2016）基于管理熵，从创新制度、创新主体、创新基础、创新投入和创新结构等五个方面对区域创新能力进行评价。张爱华（2017）构建了包括创新环境、投入及产出的三个维度、22 个指标的区域创新能力评价体系并对湖北省的创新能力进行了评价。熊国经、熊玲玲、陈小山（2018）通过 TOPSIS 法对泛珠三角各省 2010—2014 年的科技创新能力发展进行了比较分析。李美娟和刘媛（2018）运用 Copeland 法对区域协同创新能力进行了动态组合评价。姜文仙和张慧晴（2019）应用 min-max 标准化分析方法，从科技创新效益、科技环境创新能力、知识创造能力、知识流动能力以及企业科技创新能力对珠三角区域创新能力进行评价。唐恩斌和张梅青（2019）基于创新要素流动的视角，建立了地理邻接、地理距离、经济距离和时间距离四类空间权重矩阵，以及 R&D 人员和 R&D 资本两类空间关联矩阵，实证检验了交通基础设施对区域创新能力的影响。

三、区域创新能力的影响因素

大量文献对区域创新能力的影响因素进行了研究，主要包括五个方面：创新主体与资金投入、创新环境、区域智力资本、产业集群和社会资本（图 2-1）。

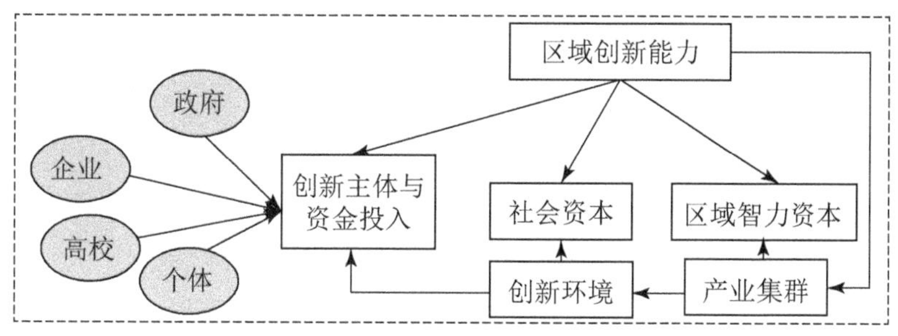

图 2-1 区域创新能力的影响因素

区域内人员、经费投入、FDI/OFDI影响区域创新能力（王宇新和姚梅，2015；芮雪琴等，2014；高素英、陈蓉、张艳丽等，2011；刘俊杰和刘家铭，2011；万广华和范蓓蕾，2010；王锐淇和张宗益，2010；朱玉春，2008；陈广汉和蓝宝江，2007；范丽娜，2005；冉光和等，2013；鲁钊阳和廖杉杉，2012；岳中刚，2011；桑瑞聪、徐磊、黄凌云，2009；王三兴和熊凌，2007；陈钰芬和余芳珍，2007；殷晓红，2018；冉启英等，2019；李勃昕等，2019）。章立军（2006）、李习保（2007）、岳鹄和康继军（2009）、王鹏和赵捷（2011）、薛婧等（2018）、李子茹和金舒婷等（2019）认为创新环境、基础设施影响区域创新能力。齐亚伟和陶长琪（2014）、高素英和陈蓉等（2011）、王学军和陈武（2010）、陈武和何庆丰等（2011）、吴玉鸣（2006）等证明了区域智力资本影响区域创新能力。黄晓治和曹鑫（2006）、周泯非和魏江（2009）、刘军和李廉水等（2010）认为产业集群程度影响区域创新能力。赵雪雁等（2015）、赵丽丽和张玉喜（2015）、李新功（2007）等认为社会资本会影响区域创新能力。

四、区域创新能力的作用机制

对区域创新能力作用机制的研究主要体现在以下几方面：一是社会资本对区域创新能力的影响（李新功，2007）；二是智力资本对区域创新能力的影响（陈武、何庆丰、王学军，2011）；三是人力资本对区域创新能力的影响（马明，2016；赵馨燕，2017；张辉和石琳，2018）；四是知识基础对区域创新能力的影响（Cantner、Meder、Terwal，2010；胡冰，2016；张旭华，2017；王崇峰等，2018；赵大丽等，2018）；五是基础设施对区域创新能力的影响（唐恩斌和张梅青，2019；潘亚茹和罗良文，2019）；六是政府行为对区域创新能力的影响（尹明，2017；臧友超，2018；毛建辉，2019）；七是合作与协同对区域创新能力的影响（侯健敏和党兴华，2010；解学梅，2011；王国红、贾楠、邢蕊，2013；陈丽娟，2018）。

五、研究述评

综上所述，国内外学者关于区域创新能力多层次研究的相关成果，为我们的研究提供了一定的理论和实践基础。从国内外学者在区域创新能力领域的相关研究看，现有理论研究成果主要可以归结为如下几个方面：一是对区域创新能力的基本属性研究，主要体现在内涵、特征、形成机理等方面（Cooke，2010；方玉梅，2010）；二是对区域创新能力评价模型与体系构建的研究，包括评价指标体系、评价方法、评价流程等（易平涛、李伟伟、郭亚军，2016；齐亚伟，2014、2015；赵雪雁，2015；高晓霞等，2014；贺明、夏恩君、刘伊雯，2010；李庭辉和范玲，2009；闫国庆等，2008；任胜刚和彭建华，2007；陈劲、陈钰芬、余芳珍，2007；周立和吴玉鸣，2006；柳卸林和胡志坚，2002；甄峰、黄朝永、罗守贵，2000）；三是对区域创新能力影响的相关因素进行分析，如经济增长方式、人力资本投资、产业集群、智力资本、知识流动、科技中介等（邵云飞等，2011；王锐淇、蒋宁、汪春晖，2011；Jeffrey et al，2002）；四是针对特定区域及地区的创新能力的专门研究（倪方钰，2012；穆广杰，2012；朱承亮、岳宏志、李婷，2009）。

第二节　组织层次创新研究

企业和高校是区域创新的重要来源，企业创新绩效、高校创新创业教育水平是衡量组织层次创新的主要指标。通过营造知识权力氛围、进行创新创业教育，鼓励组织内成员实现知识共享，大学生大胆开展变革与创新创业，提高创新效率，增强创新效果，提升创新绩效，从而从整体上提升区域创新能力。

一、企业创新研究

（一）企业创新绩效定义

对企业创新绩效的界定众说纷纭。大多数学者认为创新绩效是过程和结果的总和，是从产生新点子、新想法到新产品的研发、制造、创造的整个过程中取得的所有成果（Ernst，2001），主要体现为过程绩效、结果绩效（朱学冬，2010），由创新效率和创新产出两方面构成（姜滨滨，2015）。一部分学者强调产出观，将创新绩效定义为生产领域相关的、新颖的和有用的产出

（Tierney and Farmer，2002），主要表现为新产品、新工艺及专利（Hagedoorn and Cloodt，2003）。一部分学者更加关注不同创新主体的协同，如 Gregory（2002）、周晓阳和王钰云（2014）等从联盟、互动角度，强调创新绩效为参与协同创新的主体满意度。

（二）企业创新绩效影响因素

从企业内部来看，创新绩效的影响因素包括个体、群体、组织、外部环境四个层面（图 2-2）。

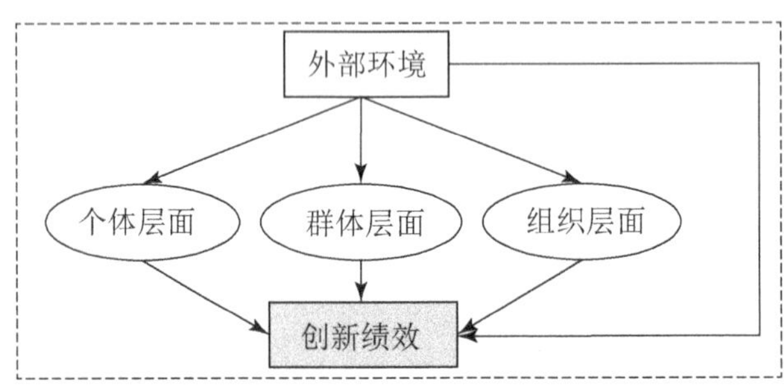

图 2-2 企业创新绩效的影响因素

在个体层面，具有创新精神的企业家、创新人才、个体特征、员工心理契约、创业激情影响企业创新绩效（宋艳和邵云飞，2009；Sosik et al，2012；Wilderom，2015；王娟等，2016；倪丽，2017）。

在群体层面，领导方式（王飞绒和陈文兵，2012；杨国亮和卫海英，2012；陈艳艳等，2019）、高管团队结构（谢凤华，2008；赵丙艳，2016；张美玲，2018）、团队互动（郑小勇等，2009）等因素是影响企业创新绩效的关键。

在组织层面，治理结构（徐金发和刘翌，2000；林浚清和孙永祥，2003）、企业文化（Hogan and Coote，2014；朱兵等，2010；梁洁，2018）、企业能力（Helfat and Peteraf，2003；李文文，2018）、组织战略（Verbano and Crema，2016）、组织学习（蒋天颖等，2009；朱兵等，2010；Garrido 等，2014）、组织柔性（熊胜绪和李婷，2019）、知识共享（Wijk、Jansen、Lyles，2008）、人力资源实践（Michie and Sheehan，1999）、研发模式（范科才等，2019）、高参与工作系统（程德俊等，2011）、IT 应用水平（彭建平，

2013；徐国东和郭鹏，2012）、社会责任（杨文洁，2018）、关系资本（Chen et al，2006；曹裕等，2016；薛建欣，2018；彭伟华和侯仁勇，2019）等都被相关学者加以研究验证。

在外部环境方面，财政税收与信贷环境（Long et al，2011；张玉臣和吕宪鹏，2013；Guan and Yam，2015；贾茹，2018；李子彪等，2018）、政府支持（梁琦隆，2018；王金凤、岳俊举、冯立杰，2019；徐敏丽和朱晓润，2019；肖安娜，2019）、制度环境（任雪娇等，2019）、产业政策（郭净等，2019）等环境因素影响企业创新绩效。

（三）企业创新绩效提升机制

周琳（2015）认为应从外部构建公平竞争的市场环境、鼓励和支持创新的金融体系等，从内部构建适合创新活动特征的能动性管控系统以促进企业创新绩效的提升。更多学者从企业自身探讨提升创新绩效的对策措施。企业要重视组织学习，塑造良好的组织学习氛围（王飞绒和陈文兵，2012；葛晓永、吴青熹、赵曙明，2016）、选择适合的领导风格（王飞绒和陈文兵，2012）、实施战略人力资源管理（孙丽华，2016）、改善职工工作生活质量（饶惠霞，2013）、创新支持性人力资源实践（Hayton，2003；赵文红等，2012；杨洁，2013）以及加强外部联系，对关系资本予以更多关注（张慧颖等，2014）。

企业创新绩效的研究成果近几年逐渐丰富，为后期的研究奠定了坚实的理论基础，但同时也应看到，从知识管理视角，基于投入—过程—产出逻辑路径研究企业创新绩效提升的成果少见。

（四）知识权力氛围、知识共享与创新绩效关系研究

1. 知识权力氛围研究

查阅了相关资料，暂时未见到关于知识权力氛围的研究。因此，根据研究需要，本研究构建知识权力氛围这一新构念来反映组织成员对组织知识权力的感知。由于相关研究少见，本研究首先梳理知识权力研究成果，再结合组织氛围研究成果，界定知识权力氛围的含义及其结构，在后续研究中开发相应的测量量表。

（1）知识权力研究

权力是西方政治哲学中的核心概念，是社会学研究的基本概念，以普遍意义上的个人或组织为主要研究对象（蔡彬清和陈国宏，2014）。权力是企业影响其他企业或个体的动机与行为的能力（Emerson，1962），基本表现形式是奖赏、命令与惩罚（Frenchj and Raven，1959）。福柯和戈登（Foucault and Gordon，1980）从社会学的角度提出了知识权力观，认为权力以知识为基础，权力的行使就是知识的运用。对知识权力研究的文献比较少，主要体现在以下三方面。

1）知识权力定义。拉蒂夫和哈桑（Latiff and Hassan，2008）明确提出知识权力的概念，并认为知识权力来源于对各种知识的控制和支配地位。张巍和党兴华（2011）认为知识权力是企业由于自身所拥有的知识资源而使其能够对网络中其他企业的行为产生一定的影响。从管理学视角研究知识权力的文献国内比较少见，主要集中于网络中的知识权力（党兴华和查博，2011；党兴华和王方，2012；党兴华和张巍，2012；孙永磊和党兴华，2013；石乘齐和党兴华，2013；蔡彬清和陈国宏，2014；郭献强、党兴华、刘景东，2014；吉迎东、党兴华、弓志刚，2014；党兴华和刘立，2014；徐可、何桢、王瑞，2014）和个体知识权力损失（潘伟和张庆普，2016）。

2）知识权力的测量。党兴华和查博（2011）借鉴 Zhao and Huo（2008）的组织权力测量量表，从专家权、奖赏权和强制权三个维度共 12 个题项的量表测量了技术创新网络中企业的知识权力。徐可、何桢、王瑞（2014）使用该量表验证知识权力对网络惯例形成，量表的 Cronbach's α 系数均大于 0.7。

3）知识权力的效应。包括对技术创新网络治理绩效（党兴华和查博，2011）、网络惯例形成（孙永磊和党兴华，2013；徐可、何桢、王瑞，2014）、核心企业治理与网络稳定（谢永平、党兴华、孙永磊，2014）、知识隐藏（潘伟和张庆普，2016）、学生的知识共享（Sedigheh Moghavvemi，2017）等方面的影响。

（2）组织氛围研究

勒温（Lewin，1930）提出了团体氛围一词，并认为它是员工之间形成的“认知地图”的形似部分。勒温虽然提到了社会氛围这个词，但没有对其进行定义，也没有给出测量方法（Shao，2002）。麦格雷戈（McGrego，1960）提出了管理氛围的概念，从而开拓了组织氛围研究的新领域。他将氛围定义为员工直接上级以及组织中其他有影响力人物的日常行为。在最初的研究中，研究人员往往只关注于组织一般氛围，没有具体的针对性，研究结果无意义（王雁飞和朱瑜，2005）。于是，从20世纪90年代开始，研究重点开始转向特定类型氛围，如服务氛围、安全氛围、伦理氛围和创新氛围等（赵鑫，2011）。

1）组织氛围定义研究。学者们主要从形成原因、整体特性、作用等角度对组织氛围进行定义。形成原因：组织氛围为组织环境体验过后的知觉（Tagiuri and Litwin，1968；Campbell，1970；James and Jones，1974；Hunter and Bedell，2007），是员工对创新、程序、认同、公平、支持、人际关系等方面的感知（Rentsch，1990；Denison，1996；谢荷锋和马庆国，2008）。整体特征：组织氛围是组织内部环境的一种相对持久的特质（Gilme，1968；Schneider，1990；Lewin，1997；顾远东和彭纪生，2010），是工作环境属性集合（陈维政，2006），能够区别于其他组织（Hapin，1962；Forehand，1964）。作用方面：组织氛围是一种社会力量（Stern，1970；Glick，1985），架构员工整体心理知觉（Silver，1983），表现成员共有的情感与行为趋势（Patterson and West，2005），影响成员行为（Forehand，1964；Silver，1983）。

2）组织氛围维度研究。勒温等认为组织氛围的维度包括：结构、责任、报酬、温暖、支持、标准、冲突、认同。坎贝尔和贝蒂（Campbell and Beaty，1971）认为组织氛围的维度包括：组织成员的自主性、赋予职位的结构程度、奖励指向、体谅、关怀与支持。西斯克（Sisk，2001）认为组织氛围的维度包括：组织规模、组织状态、决策阶层、成员个性、目标一致性和互动状态。斯特林格（Stringer，2002）认为组织氛围的维度包括：结构、认知、责任、标准、支持、承诺。瓦拉赫和穆勒（Wallach and Mueller，2006）认为组织氛围的维度包括：组织机构的科层性、创新性及组织对成员的支持。蒋景清（2002）认为组织氛围的维度包括：领导形态、形式结构、责任风气和人际关系。谢荷锋（2008）认为组织氛围的维度包括：创新、公平、支持、人际关系、员工身份认同。张皓（2014）提出了组织氛围的和谐、支持、信任、学习、发展、开放和关怀七个维度。陈维政和李金平（2006）对国内外学者的研究利用相关统计软件分析发现，组织科层性、人际沟通、领导与支持在中西方文化下出现频率都非常高。

（3）知识权力氛围研究

本研究整合了知识权力和组织氛围的相关研究成果，结合本研究的实际情况，主要从知识权力氛围对组织“知识推动创新”利益诉求影响角度，将知识权力氛围定义为组织成员对知识在组织内享有的奖励、晋升、信任、资源支持、工作影响等权力的知觉或感受；将知识权力氛围划分为奖赏权、配置权、影响力等三个维度。由于国内外相关研究的缺失，对知识权力氛围的研究，带有一定的探索性质。因此，对知识权力氛围的测量量表须在本研究中予以专门设计和自行开发。

2. 知识共享研究

企业资源观理论把知识当作组织最重要的战略资源（Conner and Prahalad，1996；Nahapiet and Ghoshal，1995；Pettigrew and Whip，1993），能否有效管理知识就成为组织一项最为重要的挑战（Drucker，1993；Davenport and Prusak，1995； Alavi et al，2012）。知识共享是知识管理实施的唯一而且最重要的过程（Bock and Kim，2002；Mason and Pauleen，2003）。知识通过成员互动实现共享（Lam，2000）。

（1）知识共享的定义

对知识共享的定义主要从交换观、过程观、人际互动等视角进行（赵鑫，2011）。①交换观视角。知识共享是关于交换信息或帮助他人的行为（Connelly and Kelloway，2003），是个体间相互交换知识并联合创造新知识的过程（Hooff and Ridder，2004）。②转换观视角。该视角认为，知识共享是个体知识在组织内扩大，并转换为组织知识一部分的过程（Nonaka and Takeouchi，1995）；知识共享是知识的外化，或者是通过编码对知识重构，是通过“干中学”、学习等形式对知识的吸收、内化（Hendriks，1999）。海因切（Hendriks，2001）、怀斯曼（Huysman，2002）等认为知识共享是组织及其成员对知识的吸收及应用。③人际互动视角。知识共享是组织个体信息、观点、意见和技能传给他人的活动（Bartol and Srivastava，2002）。知识共享指组织成员为了能够帮助其他成员完成工作目标、与他人协作解决问题、发展新观点，向其他成员提供显性知识和隐性知识的过程（张国峥，2015），使得知识能够在组织内为他人所得（Ackerman、Pipek、Wulf，2003）。

基于研究目的和社会交换理论，借鉴康奈利和凯洛威（2003）知识共享的定义，将知识共享界定为组织成员为了特定目的与他人交换知识、经验、技能或帮助他人的行为。

（2）知识共享的维度与测量

借鉴康奈利和凯洛威（2003）、乔杜里（Chowdhury，2005）等把知识共享看作一维结构，并据此开发了感知知识共享文化量表（Connelly and Kelloway，2003）、知识共享行为量表（Lin and Lee，2004）、复杂知识共享测量量表（Chowdhury，2005）等一维量表（宝贡敏和徐碧祥，2007）。阿尔迪斯维利等（Ardichvili 等，2003）将知识共享分为新知识的供应和新知识的需求两个方面；韦格曼（Weggeman，2000）区分了知识源和知识接受者；奥登坎普（Oldenkamp，2001）认为知识共享包括了知识携带者和知识请求者；赫夫和瑞德尔把知识共享分为知识贡献和知识收集两个维度，每个维度用四个指标去测量。基于研究知识权力氛围对创新影响目的和社会交换理论，借鉴康奈利和凯洛威（2003）知识共享的定义，将知识共享界定为组织成员为了特定目的与他人交换知识、经验、技能或帮助他人的行为。

（3）知识共享的前因变量

组织文化、组织结构、动机、个人价值、信任以及信息技术等因素都会影响知识共享（Yi，2005）。知识共享的前因变量主要体现为个体、团队、组织层次（Jackson et al，2006）以及知识本身等因素。

1）个体因素：人格、组织承诺（Cabrera、Collins、Salgado，2006；Foss and Pedersen，2002）、员工多样性（刘灿辉和安立仁，2016）、动机（Ardichvili、Page、Wentling，2003；屠兴勇等，2017）、自我价值感知（孙红萍，2007）、学习目标取向（屠兴勇、杨百寅、张琪，2016）。

2）团队因素：领导风格（McGill、Slocum、Lei，1992；Jones，2002；姜道奎，2017；杨霞和李雯，2017）、团队共享意愿（Ipe，2003；Vries，2006；Lin，2007）、团队成员网络（Nahapiet，1998；Larson，2007；Kankanhalli，2005；Swang，2006；Thomas and Hunt，2003；谢洪涛等，2016）、团队自我效能感知（Kankanhalli，2005；Hsu，2007）、团队成员的表达能力以及吸收能力和相关经验（Szulanski，1996；Willwkma，2011）、工作满意（Devries，2006；Lin，2007）。

3）组织因素：制度差距（Kostova，1999）、组织结构（Miller and Droge，1986；Tsai，2002；Kim，2006；严浩仁，2002；Willem，2007；Lin，2008；Willwkma，2011）、组织氛围和文化（Kim，2000；Sveiby，2002；Bock，

2005；Collins，2006；Connelly，2003；Yang，2007；朱少英，2008；王仙雅等，2014）、组织激励（Liebowitz，2003；Nelson，2006；Quigley，2007；Taylor，2006；Willem，2007）、技术（林东清，2005；Kim and Lee，2006；Fedorowicz，2007；Malhotra and Majchrzak，2004； Bama，2007；Schooley，2007）、战略共识（杨建君和徐国军，2016）。

4）知识特征和过程：知识特征（邢青松等，2016）、知识流失（Eskerod and Blichfeldt，2005；Parker and Skitmore，2005）、知识清晰度（Bresman，1999；Cummings and Teng，2003）、知识嵌入（Mansfield，1988；Teece，2000）、知识距离（Nonaka，1995；Grant，1996；Yang，2009）、知识治理（Cao et al，2012；张生太等，2015）等因素。

（4）知识共享的结果变量

现有知识共享研究更多关注前因变量，对其结果变量研究比较少。知识共享会影响到个体创新行为（曹科岩和窦志铭，2016）、创造力（王莉和任浩，2013；吴勇和朱卫东，2013；屠兴勇等，2017），促进组织绩效的提高（Yang，2011；陈涛、朱智洺、王铁男，2015）。低劣的知识共享将导致团队和组织绩效的恶化（Hansen and Haas，2001；Yang，2004、2011），不共享知识将使知识“流失”或“囤聚”，产生智力亏损（Caddy，2001）。知识共享影响知识创造、产品创新和员工创新（Scotte，2005；朱少英、齐二石、徐渝，2008；李纲和刘益，2007；赵鑫，2011；王士红、徐彪、彭纪生，2013；曹勇和向阳，2014；王娟茹和罗岭，2015；Patricial and Kathryn，2016）。

3. 知识权力氛围、知识共享与创新绩效关系

（1）知识权力氛围与知识共享

组织氛围架构员工整体心理知觉（Silver，1983），表现成员共有的情感与行为趋势（Patterson and West，2005），影响成员行为（Forehand，1964；Silver，1983）。由于知识权力氛围本身是新构建的一个概念，关于知识权力氛围与知识共享关系直接研究少见。知识权力影响技术创新网络治理绩效（党兴华和查博，2011）、知识隐藏（潘伟和张庆普，2016）、学生的知识共享（Moghavvemi，2017）。

（2）知识共享与创新绩效

知识共享会影响个体创新行为（曹科岩和窦志铭，2016）、创造力（王莉和任浩，2013；吴勇和朱卫东，2013；Alsharo、Gregg、Ramirez，2016；屠兴勇等，2017），促进组织绩效的提高（Yang，2011；陈涛、朱智洺、王铁男，2015）。低劣的知识共享将会导致团队和组织绩效的恶化（Hansen and Haas，2001；Yang，2004、2011），不共享知识将使知识“流失”或“囤聚”，产生智力亏损（Caddy，2001）。知识共享影响知识创造、产品创新和员工创新（Scotte，2005；朱少英、齐二石、徐渝，2008；李纲和刘益，2007；赵鑫，2011； 王士红、徐彪、彭纪生，2013；曹勇和向阳，2014；王娟茹和罗岭，2015；Patricia1 and Kathryn，2016）。

（3）知识权力氛围、知识共享与创新绩效

分裂断层负向影响知识共享，但对占据网络不同位置的企业影响不同，越高的知识权力赋予企业越强的影响力和控制力，越能减弱分裂断层对知识共享的负面影响（杨毅、党兴华、成泷，2018）。

（五）研究述评

尽管知识与权力、创新密不可分，理论界和实践界对“知识就是权力”已达成共识（Brown，1993），却忽视了对知识权力和知识权力对创新影响的研究（Gordon and Grant，2004）。基于知识管理理论和社会交换理论，从知识管理情境（组织知识权力氛围）—过程（知识共享）—结果（创新绩效）的逻辑路径，探究组织层次的创新机制尤为必要。

二、高校创新创业教育研究

（一）高校创新创业教育

习近平总书记在纪念五四运动100周年大会上的讲话中强调，新时代中国青年要增强学习紧迫感，如饥似渴、孜孜不倦学习，在学习中增长知识、锤炼品格，在工作中增长才干、练就本领，以真才实学服务人民，以创新创造贡献国家。创新是民族发展、区域竞争优势的重要来源。创新型国家建设对教育的迫切要求是加强创新创业人才的培养。创新创业教育是深化高等教育教学改革、培养高素质创新型人才、建设创新型国家的重大战略举措。2017年，中共中央办公厅、国务院办公厅印发《关于深化教育体制机制改革的意见》，指出把创新创业教育贯穿人才培养全过程，高校创新创业教育备受关注。

"创新创业教育"最早是由联合国教育、科学及文化组织于1989年在北京召开的"面向世纪教育国际研讨会"上提出的，主要指对青年的事业心、进取心、冒险精神等的培养。我国高校创新创业教育相比于国外发达国家起步较晚。在1990年，我国开展了基础教育阶段实施就业创业教育的项目研究。1998年，清华大学举办了首届清华大学创业计划大赛，成为第一所将大学生创业计划竞赛引入亚洲的高校。2002年，高校创业教育在我国正式启动，教育部将清华大学、中国人民大学、北京航空航天大学等9所院校确定为开展创业教育的试点院校。我国对创新创业教育的研究主要集中于创新创业教育模式（曹芳芳，2015；林文，2014；胡桃和沈莉，2013；黄爱珍，2012）、人才培养模式（何陈晨，2016；程丹等，2014；胡铁，2013；丁新泉，2012；李家华，2010）、师资队伍建设（蒋德勤，2011）等方面。整体看，我国创新创业教育还存在许多有待改善的地方，如师资队伍建设问题、创新创业教育理念与方法问题、创新创业教育与专业教育如何融合问题等。

（二）高校创新创业教育与大学生职业发展

高校创新创业教育指已毕业大学生在大学期间经历过的与创新创业相关的学习经历，包括专业学习经历和创新创业学习经历两个维度。职业发展指已毕业大学生对现在正在从事职业的自我评估，主要包括职业满意度和创新度。目前关于大学生在校创新创业教育经历对职业发展的影响研究非常少。但在研究大学生职业发展影响因素时，有多位学者不同程度提到大学生在校期间的实习经历、参与竞赛、专业课程成绩会显著影响大学生职业发展（方胜强，2014；徐维艳和汪志南等，2017），邢朝霞、何艺宁（2013）通过问卷调查发现，大学生的社会实践经历、学生工作经历、专业成绩影响大学生职业满意度。

（三）研究述评

综上所述，针对创新创业教育的研究主要集中于其模式、路径等方面的研究，为进一步的研究提供了理论基础和有益借鉴，但对其绩效评价研究比较少见。随着我国社会主义市场经济的发展，创新创业对经济发展的巨大作用越来越受到重视，迫切需要对学生开展创新创业教育，这是新时代下创新驱动发展战略实施的必然要求，也是“双创”背景下高等教育发展的必然趋势。因此，本研究着眼于高校创新创业教育及高校创新创业教育绩效评价，将理论与实践相结合，基于IPO（投入—过程—产出）视角，整合政府、社会、高校、学生四个层面，通过主成分分析法对其进行实证分析，以期为进一步完善高校创新创业教育提出可操作性的建议。

第三节　个体层次创新研究

员工是组织创新的源泉，员工创新行为是组织创新的关键要素，为组织持续注入活力。员工积极的创新行为扩散至组织内外后，能够提升组织、区域、国家的创新能力和绩效。

一、员工创新行为

（一）创新行为定义

创新是一个多阶段的过程，每个阶段伴随不同的活动和个人行为（Scott and Bruce，1994）。创新是将创造性想法付诸成功的实践的过程（Amabile，1988）。不同学者从不同角度对创新行为加以界定和操作，主要都遵循“产生—执行”过程的角度来定义创新行为。个体创新行为是将有益的创新予以产生、导入以及应用于组织的所有个人行动（Kleysen and Street，2001），包括新颖、有用观点的生成和新想法在组织内部成功实施（Zhou and George，2001）。斯科特等（1994）将个人创新分为问题的确立及构想产生、寻求支持和借由产生创新的标准或模式扩散创新三个阶段；罗伯特和克里斯多佛（Robert and Christopher，2001）认为个体创新行为包括机会的探索、产生、调查、支持和应用等阶段；刘云和石金涛（2009）认为员工创新行为是员工产生、引进和应用有益的新颖想法或事物的过程；黄志凯（2005）、卢小君和张国梁（2007）等认为个体创新行为可以归纳为产生创新构想的行为以及执行创新构想的行为两个阶段。本研究将员工创新行为定义为“员工在工作过程中，产生有益的创新或问题解决方案，并努力将之导入以及应用到组织的所有个人行动”，具体表现为积极地寻找、发现创新机会，产生创新构想，为创新实施寻求资源等。

（二）创新行为的测量

布鲁斯和斯科特（1994）编制了包含六个正面题项的单维度结构量表，得到学术界的普遍认同（刘云和石金涛，2009）。詹森（Janssen，2000）提出三个维度的构想，但经过研究证明发现三个维度具有高度相似性，因而形成单维度结构量表。周和乔治（Zhou and George，2001）发展了该量表，编制了13个题项的单维度量表。中国台湾学者黄致凯（2004）结合中国文化背景，构建出包括想法产生和执行两维度的量表，信效度良好。卢小君和张国梁（2007）、顾远东和彭纪生（2010）均提出个体创新行为由产生创新想法和执行创新想法两个维度测量。综上而言，对于个体创新行为的维度和测量，学者们并没有一致的结论。

（三）创新行为的影响因素

对于员工创新行为的影响因素，学者基本上是从个体、团队和组织三个层次上探讨创新行为的前因变量。国外学者研究主要包括组织战略（Hitt et al，1996；Parnell、Lester、Menefee，2000）、组织结构（Burns and Stalker，1961；Damanpour，1991、1998；Pierce and Delbecq，1977）、组织氛围（Amabile and Gryskiewicz，1989； Isaksen et al，2001）、创新意识的传播（Abrahamson，1991）、团队互动（King and Anderson，1990；Mumford et al，2001）、心理资本（Michael and Forrence，2017）、员工技能素质（Runco and Sakamoto，1999）、员工个体认知（Shin et al，2012）、目标导向（Montani and Battistelli，2017）。国内学者研究影响员工创新行为的前因主要包括心理授权（刘耀中，2008）、领导风格（韩翼和杨百寅，2012；袁朋伟等，2018；朱瑜等，2018）、压力源（孙健敏、陈乐妮、尹奎，2018）、自我效能（冯旭、鲁若愚、彭蕾，2009）、创新氛围（王宁和罗瑾琏，2009；刘云、张文勤、石金涛，2009；顾远东和彭纪生，2010）、主管目标取向（张文勤和石金涛，2009）、认知方式（罗瑾琏等，2010）、团队认知多样性（杨鑫，2013）、人力资源管理强度（林新奇和丁贺，2017）。中介变量主要包括知识分享（曹科岩和窦志铭，2015）、心理授权（刘云和石金涛，2010）、工作动机（冯旭、鲁若愚、彭蕾，2009）、创新意愿（林新奇和丁贺，2017）、创新自我效能感（顾远东和彭纪生，2010；周浩和龙立荣，2011；高鹏等，2016）。调节变量主要包括激励偏好（刘云和石金涛，2009）、团队情绪氛围（梁阜和李树文，2016）、内部人身份感知（林新奇，2017）等。

二、组织支持感

员工会在工作中形成有关组织如何评价他们的贡献和是否关注他们福利的综合感知（Eisenberger，2001）。麦克米林（McMillin，1997）认为组织支持感应体现为亲密支持、尊重支持和工具支持。组织支持感的前因变量体现为待遇和工作条件、程序公正、上级支持（Rhoades and Eisenberger，2002）；组织支持感的结果变量主要体现为绩效（Kraimer，2001；Chong，2001；陈志霞等，2008；孙福兵，2009；毕妍等，2016）、组织承诺（Eisenberger et al，1986、2002；Bishop， 2005；王燕玲，2015）、组织公民行为（Anna，2003；苏文胜等，2010；刘丽等，2010；苗仁涛等，2012；赵冬梅，2016）、自我效能感（于伟等，2010；刘星，2015）、离职（陈志霞，2006；倪昌红等，2013；李歌等，2016）等。组织支持感即组织期望获得的行为以及这些行为潜在的结果（James et al，1977）。员工对工作环境的看法，会影响创新性工作在组织内的开展。组织支持感能有效预测员工的组织公民行为，对员工工作行为产生直接或间接影响（赵冬梅，2016；刘丽等，2010；田喜洲等，2010；Anna，2003）。

三、组织认同

认同，源于拉丁语“idem”一词，本指相同的事物。在社会心理学中，认同指一种特定的情感联系。认同是将一套价值观内化到个人心中的过程（Parsons，1951），是人们经验和意义的来源（Manuel，2003）。认同是由个体认同和社会认同所构成的一系列连续统一体，中间环节存在着由各种社会结构形成的各类认同，组织认同便是其中的一个层次（王彦斌，2012）。吉登斯认为，“认同与人们对他们是谁以及什么对他们有意义的理解有关”。认同是个体探求自我特征、生存意义，并确定与身份相关的权利和义务的过程（孙天华和张济洲，2013）。

（一）组织认同内涵

组织认同构念是一个象征性及发明性的过程（Gioia，2000），它可以表现为个体对组织满意基础上的对自我认知和情感的影响（O'Reilly and Chatman，1986）。组织认同是一种综合和复杂的关联反应（Patchen，1970），是个体与组织相互缔结的一种过程（Cheney，1983），是个体感知的组织的一致性或对组织的归属性（Ashforth and Mael，1989、1992），是保持与自身文化属性一致的社会心理过程（魏钧，2007）。组织认同作为社会认同的一种特殊形式（Blake、Ashforth、Mael，1989），是基于与认同目标保持情感满意的自我定义关系的吸引和期望（O' Reilly and Chatman，1986）。组织认同一方面反映了组织成员的自我概念与组织之间的关系，另一方面也体现了组织成员按照自我定义和标准，向组织确认自我身份的过程（宝贡敏和徐碧祥，2006）。通过组织认同能够确定组织可能遭遇的危机和风险 （Elsbach and Kramer，1996），协调和处理冲突（Golden、Biddle、Rao，1997）等。同时，基于社会认同理论基础解释个体认同与组织认同之间的关系（Pratt，1998）。对不同文化背景下的员工以何种途径和方式感知组织认同，目前的研究尚缺乏深入探讨（李燚和魏峰，2011）。本研究借鉴阿什福思和梅尔（Ashforth and Mael，1989、1992）的界定，强调组织认同是个体主观感知和体验到的组织的一致，或者是从属于组织的感觉，达到“我们是谁”的确认。

（二）组织认同的构成维度

对组织认同维度的划分，理论界的意见不统一。梅尔和阿什福思（1992）认为组织认同应是单一维度结构。卢梭（Rousseau，1998）提出了组织认同两维的看法（浅层的情境认同及深层的结构认同）。帕琴（Patchen，1986）提出了三维模型：一维是感觉（与组织团结相关的），一维是态度与行为（与支持组织相关的），一维是感知（主要针对组织其他成员共享特征）。迪克和瓦格纳（Dick and Wagner，1990）确定为四个维度：认知、情感、评价和行为。我国的学者王彦斌（2004）先将组织认同分为组织认同心理和组织公民行为，并提出了生存性的、归属性的、成功性的三个维度，李保东等人（2008）对其三维结构进行了统计学验证。邓俏莉（2010）将组织认同的维度划分为心理变量、行为变量、环境变量。翟英才（2010）将组织认同划分为认知认同、情感认同、评价认同。郭静静（2007）和李玲（2010）拓展了迪克和瓦格纳（1990）的成果，将组织认同视为对组织的认知、对组织情感的归属、对组织的积极评价、个体的自主行为。孙健敏和姜铠丰（2009）提出九维的观点。杜恒波等（2013）研究了组织认同的情感归属形式、价值融合形式、人际关系形式和事业发展形式。

（三）组织认同的测量

组织认同的一维量表被学者们使用比较多的是梅尔等人（1989，1992）研究出的由 6 个条目形成的量表，被用于测量各类人员组织认同，具有良好的信度和效度；切尼（Cheney，1983）通过因子分析得出组织认同的四个因子，其中第一个因子 6 个条目解释了方差变异的 86%，他也认为组织认同量表具有单一维度特征。巴奇和施卢埃特（Barge and Schlueter，1988）在切尼（1983）的组织认同测量问卷研究的基础上完善和修正了包括 25 个条目的组织认同问卷；米勒（Miller，2000）编制了包括认知性、情感性和评价性三个维度 15 个条目的组织认同感量表；迪克等（2004）开发了包括认知、情感、评价和行动四维度，共计 30 个条目的组织认同量表。王彦斌（2004）基于需要层次理论开发了包括生存性、归属性和成功性三维度共 13 个条目的组织认同量表。从可操作性、信度等方面看，Mael 的一维量表具有很大的代表性（Sass and Canary，1991）。因此，本研究采用梅尔和阿什福思（1989，1992）等人开发的一维量表，并在研究中进行信度、效度检验。

（四）组织认同的前因变量

克里纳等人（Kreiner ey al，2006）提出，环境和个体特征等因素共同作用于组织认同。过往研究很繁杂，本课题为了便于描述和总结，将其梳理为个体和组织因素。

1. 组织因素

组织所独有的特色和个性、组织拥有的声誉和无形资产、组织间竞争、组织树立的正面形象、组织的学习与创新氛围、组织支持、工作参与性、工作挑战性、工作自主性、工作效能、领导—成员交换、外部认可、职场排斥、企业社会责任等（Brown，1969；Mael and Ashforth，1992；Dukerich，2002；Smidts，2000；Smdis，2001；Hall and Schneider，2001；Bamber and Iyer，1997；Schrodt，2002；Morgan，1998；魏钧，2007；何立和凌文辁，2008；李永鑫等，2010；苗莉和赵婉莹，2012；王进和张宗明，2013；Raymond、Chan、Lam，2014；贾波和周菲，2014），都会影响员工的组织认同。组织文化涉及的团队合作、道德、参与、监督等因素均能影响员工的组织认同（Schrodt，2002）。工作本身具有的挑战性和让员工的满意因素是形成员工组织认同的关键（Hall and Schncider，1972）。王弘钰在研究组织公平、组织认同与员工工作绩效之间的关系时，证实了组织公平正向影响组织认同。

2. 个体因素

个性、组织满意、同事关系、个体认同需要强度、个体幸福感、组织支持感、心理契约、工作不安全感等（Best and Nelson，1985；Mael and Ashforth，1992；Morgan，1998；Bamber and Iyer，2002；Kreiner and Ashfiorth，2004；Johnson，2005；魏钧，2009；张超，2012；Epitropaki，2012；Shen et al，2013；宋靖等，2018），都会影响员工的组织认同。斯密德茨等（Smidts et al，2001）实证了员工对组织在外部的声誉感知正向影响了其组织认同。摩根（Morgan，2004）认为员工与同事之间的关系、员工与领导之间的关系都会正向影响其组织认同感。郑晓霞（2011）的研究说明，知识员工的职务、胜任力及工作时间能够预测员工的组织认同度。

梳理组织认同的前因变量的研究过程中发现：学者们开始逐渐关注员工态度和心理认知对组织认同产生的显著影响（Schrodt，2002）。组织认同是一个不断循环的过程，由对组织提供的工作环境生成了工作认同，在认同工作的基础上进一步生成组织认同，再由组织认同加强对自我的认同和对社会的认同，而对自我的认同和对社会的认同又反过来影响自身对工作的认同（Pratt、Rockmann、Kaufmann，2006）。所以，综合考虑组织认同的前因变量，会使组织认同的研究更科学地、动态地反映情况。

（五）组织认同的结果变量

组织认同能够增加组织成员的承诺，提升组织的绩效，吸引更多的客户（Elsbach，1994），提升组织内部成员的合作性（Dukerich，2002），逐渐形成以组织认同为基础的竞争优势（Scott，2000）。已有研究中组织认同的结果变量主要体现为组织承诺（Bergami and Bagozzi，2001）、组织健康（邓俏丽，2010）、组织公民行为（Tajfel，1978；Cheney，1983；Tumer，1987；Dutton，1994；Dukerich，2002；张健，2005；韩雪松，2006；翟英才，2010；王晓峰，2014；王宁斌，2014；宋靖等，2018）、员工沉默与建言行为（石冠峰和王亮，2014；袁庆宏、丁刚、李珲，2014）、员工合作（Dukerich，2002；Polzer，2004）、工作满意度（Cheney，1983；Mael and Ashforth，1992；Dick，2004；魏钧、陈中原、张勉，2007；Raymond、Chan、Lam，2014；申正付等，2018）、离职意愿（Abrams，1998；赖志超、郑伯壎、陈钦雨，2001；Bamber and Iyer，2002；Mignonac，2005；Mignonac，2006；熊明良，2008；李杨，2014；张峰和耿晓伟，2018）、工作绩效（王帮俊和杨东涛，2014；赵亚东和卢强，2018）、员工效能（王琼慧，2003；谷晓茜，2003）等。

组织认同对员工的工作行为和态度具有非常重要的影响（Mael and Alshforth，1989）。组织认同会影响员工的离职意愿（赖志超、郑伯壎、陈钦雨，2001）。员工所能感知的组织支持越强，能够做出更多的积极在职行为和减低其对工作的消极行为（Luthans，2006）。

四、结果期望

人们根据结果行动（Vroom，1964），如果员工认为做某件事情会有预期的结果，那么他去做这件事的可能性就比较大。员工行为的一个重要前因变量是期望的报酬（Farr and Ford，1990）。亨利（Henry，1997）在研究人们使用计算机系统的心理过程时，开发出 IT 领域内结果期望量表，并将其分为工作相关和个体发展相关的结果期望两个维度。史密斯（Smith，2001）根据职业选择结果在形式上的表现，归纳出诸如金钱之类的物质类结果、社会认可之类的社会类结果以及个人成就感之类的自我估价类的结果三种形式。大卫（David，2010）等人研究了结果期望对企业家决定开创新事业的影响。袁和伍德曼（Yuan and Woodman，2010）第一次从理论上探索结果期望影响员工行为，将结果期望确定为绩效改进、人际关系促进两个维度。结果期望指员工从事某项工作主观期望得到的回报，包括绩效提升和人际关系提升两个维度。

五、研究述评

综上所述，国内外学者对创新行为的研究取得了丰硕成果，为本研究提供了理论和实践基础。但从现有的研究来看，对员工创新行为影响因素的过往研究主要集中于组织因素中的组织氛围、组织对创新的激励、资源支持、工作设计、文化、资源、结构与战略（Woodman、Sawyer、Griffin，1993；Amabile et al，1996；Axtell，2000；Isaksen et al，2001；李娟，2012），个体特征中的人格、知识与能力、成就动机、自我效能感、情绪等（Scott et al et al，1994；Zaccaro and Johnson，1998；George and Zhou，2001；Taggar，2002；Zhou et al，2001、2009；Shalley et al，2009；Hirst，2009；Shung et al，2012；顾远东和彭纪生，2011）。调节变量主要包括激励偏好、团队情绪氛围、内部人身份感知等。对于认知和情感层面的组织支持感、结果期望如何交互影响员工创新行为少有研究。

上述研究不足为本课题研究留出了足够的空间。波特等指出，研究员工行为应把重点退缩在心理层面（如结果期望、组织认同等）。而普赖斯认为员工行为研究的发展方向是寻找新的解释变量。在考虑个体组织支持感和结果期望等因素如何通过组织认同的中介效应作用于员工创新行为研究的欠缺，更凸显出本研究的理论与实践意义。

第三章

研究总体思路与模型构建

创新已成为区域竞争优势的重要来源。党的十八大明确提出科技创新是提高生产力和综合国力的战略支撑，强调要坚持走中国特色自主创新道路、实施创新驱动发展战略。要实现这一战略，重中之重是推动组织创新（陶建宏、师萍、段伟宇，2014），组织创新的关键则依赖于员工创新。

第一节　研究总体思路

一、研究思路

区域发展的动力要转换为创新驱动，对教育、研发等创新要素的投入，是区域驱动战略实施的保障，也是组织层次和个体层次创新的宏观背景。企业是创新的主体，汇聚员工智慧、加强团队互动、组织整体推动都可以使企业大胆开展变革与创新，提高创新效率，增强创新效果，获得更好的创新绩效提升，从而从整体上提升企业的创新绩效；高校作为专业人才培养摇篮，通过创新创业教育为区域提供创新人才。员工是组织创新的源泉，组织支持、组织认同、创新型文化等策略都有利于员工在良好的氛围中大胆创新，更好地实现自我价值。

本项目聚焦于区域创新能力，基于投入（人力资本投资、知识权力氛围、组织支持）—过程（知识流动、知识共享、组织认同）—产出（创新能力、创新绩效、创新行为）的逻辑思路，以社会认知理论、知识管理理论、人力资本理论为理论工具，深入探讨个体层次的组织支持感、组织层次的知识权力氛围和区域层次的人力资本投资，如何作用于个体层次的组织认同、组织层次的知识共享，进而促进个体层次的创新行为、组织层次的创新绩效以及区域层次的创新能力提升的机制和原理。

二、研究整体框架

区域创新能力提升是区域内组织、个体等因素共同作用的结果（Scott，1994；Eisenberger，1997；顾远东和彭纪生，2011）。区域层次的人力资本投资是否会直接影响区域的创新能力，间接影响组织的创新绩效和个体的创新行为？组织层次的知识权力氛围是否直接或间接影响组织的创新绩效，是否和如何跨层次影响个体的创新行为？个体层次的组织支持感知是否和如何影响个体创新行为？组织支持感激发个体创新行为的过程中，是否存在组织认同的中介效应？组织认同中介组织支持感对个体创新行为影响的过程中，是否存在其他的调节变量、中介变量？显然，提出并探索和解释这些问题，反映出本研究的逻辑思路和主要研究内容。本研究从个体、组织、区域三个层次，基于认知、互惠视角，整合社会交换理论、社会认同理论、社会认知理论和知识管理理论，提炼出影响区域创新能力的因素，探索性地构建起区域创新能力提升的多层次研究框架（图 3-1）。

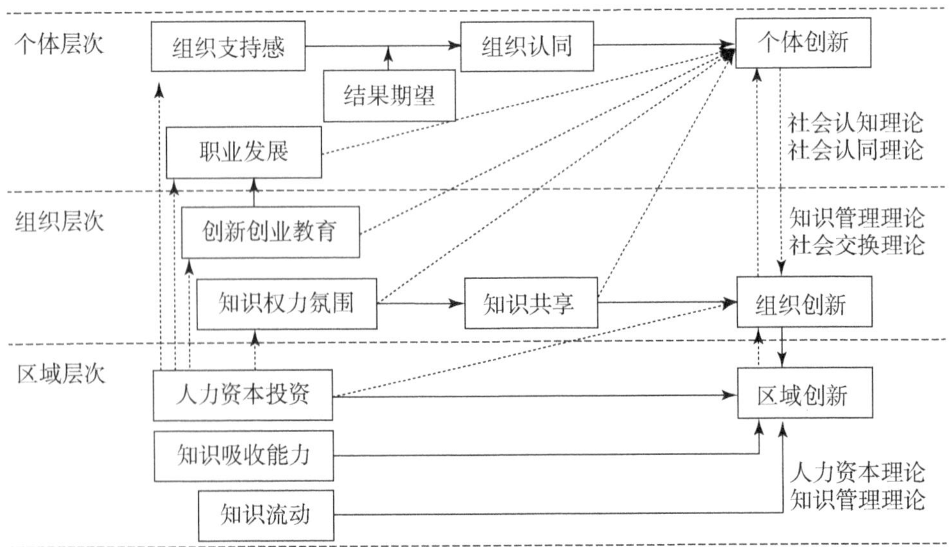

图 3-1 区域创新能力提升的多层次研究框架

在区域层次上，横向看，人力资本投资通过教育、培训、健康、研发等投资，直接提升区域的创新能力。知识流动直接促进区域创新能力提升，但在流动中体现的知识溢出会受到区域内知识接受者对知识吸收的能力影响（Cohen and Levinthal，1989）。纵向看，基于人力资本理论，区域层面的人力资本投资一方面会强化人力资本投资回报率，进而影响知识权力氛围；另一方面，通过教育、培训、研发等形式促进知识、技能在区域内、不同组织和个体间共享，进而促进人际间的知识共享和组织的创新。

在组织层次上，从企业看，横向上，知识权力氛围一方面直接影响组织的创新，另一方面通过知识共享的中介效应间接影响组织创新。纵向上，组织层面的知识共享氛围影响知识所有者对组织给予自己的情感支持和工具支持感知，进而跨层次影响个体的创新行为，组织成员间的知识共享也进一步增强了个体对组织的认同感，进而激发个体的创新行为。从高校看，高校的创新创业教育会影响员工的职业发展的满意度和创新度，进而影响其创新行为。

个体层次上，组织支持感一方面直接影响组织成员创新行为，另一方面通过组织支持感通过组织认同的中介作用间接影响组织成员的创新行为。

个体创新是组织创新的基础，组织创新则是区域创新的源泉。因此，区域创新能力的提升要从个体层次、组织层次、区域层次全方位进行分析。通过区域层次创新能力模型、组织层次创新绩效模型、个体层次创新行为激发模型构建，在对模型实证检验的基础上，提出相应的管理策略。本研究结果将使管理者更准确地理解区域创新能力提升的多层次作用机制和路径，为个体创新行为激发、组织创新绩效改善、区域创新能力提升提供一定的思路借鉴，指导具体的创新实践，实现区域经济和社会的整体进步。

第二节　研究理论基础

一、社会交换理论

人类的一切活动都可以理解为交换（许苏明，2000）。社会交换是个体之间、个体与群体间关系形成的基础，遵循互惠、公正、理性等原则（Blau，

1964）。社会交换理论作为本研究的理论基础之一，起源于社会学家对古典经济学的功利主义所做的借用与修正，在20世纪初成为系统的理论（Tyner，2001）。与功利主义不同的是，社会交换理论认为人们在社会交换中也会计算成本与收益，但在交换过程中并不总是追求利益最大化。人们交换的内容不仅有物质性资源，还有非物质性的资源如情感、支持等。

霍曼斯（Homans，1961）在整合功利主义思想、行为主义心理学、交换结构论等研究的基础上提出了社会交换理论。社会交换理论是对人类的各种社会行为通过经济交换的方式加以诠释的理论的总称。社会交换理论经历了从初期的行为主义交换理论（Homans），经由结构主义视角下的交换理论（Blau），拓展为认知视角下的交换理论（Kelley and Thibaut），在20世纪初成为系统的理论（Tyner，2001）。

霍曼斯（1958）认为各种行为的实质是交换，尽可能追求更多报酬的交换是个体行为最基本的动机和构成社会的基础。在金钱、房子、车子等物质因素以外，认知与认同、尊重与体恤、服从与诚信等各类非物质因素仍然可以而且应该可以成为不同交换的对象。情况有一些相近或相同的不同个体聚集在一块，就慢慢衍化出了特定的场域和环境。个体都会按自己所理解的标准在这个场域中调整和协调自己的认知和行为，从而在最佳状态下获取利润和效用最大化。经过长期的思考和研究，他总结和归纳出了人类所显现的社会行为的六个命题（假设）：第一个反映在成功命题。以前的某种行为（行动）一旦得到支持和奖励，个体在以后就会越倾向于表现出这种行为（行动）。第二个归纳为刺激命题。行动者在经历和体验了特定刺激，展现出特定行为（行动）的同时，总会得到特定的奖励，一旦行动者跟前出现了以前体验的刺激，他就会条件反射式地做出特定的行为（行动）。第三个总结为价值命题。行动者产生某种行为（行动）预期为自己或社会带来的收益越大，这个行动者实施或履行这种行为（行动）的概率就会越高。第四个表现为剥夺—满足命题。如果一个人经常得到相似或相同的回报，这种回报的效用就会慢慢下降，这种回报的满足感就越低。第五个是攻击—赞同命题。行动者履行了行为（行动），但是没有取得他想要的东西和报酬，随后就可能展现出攻击行为（行动）；反之，如果得到了甚至超过个体期望的报酬时，他越可能会赞同该行为。第六个总结为理性命题。个体基于分析、比较和评判会选择结果与获得此结果概率之积较大的行动产生某种行为。霍曼斯从行为主义视角构建的交换理论将一切社会行为扩大化，都视为交换行为，强调交换中的完全对等原则，因此，在现实应用中存在一定的缺陷。

布劳（Blau，1964）在对霍曼斯的行为主义交换理论完善的基础上提出了结构主义交换理论。与霍曼斯不同的是，布劳认为社会交换并非人类行为的全部，社会交换是以他人做出报答性反应为前提的，社会交换受到社会结构的制约和社会规范的引导，社会交换不一定都是对等交换。他认为社会交换是个体之间、群体之间关系形成的基础，应该遵循公正、理性、互惠、边际效用和不均衡等原则。微观社会结构中的社会交换始于社会吸引，人们之间相互支付报酬的行为使相互间更具有吸引力，从而保证后续的交往延续下去。宏观层面理解的社会交换同样始于社会吸引，遵循公平性原则，经历社会竞争、社会分化到社会整合的过程。宏观社会结构中的社会交换与微观社会结构中人与人直接交换不同，更多交换是以社会规范为中介间接发生的。基于对不对等交换、跨层次交换的研究，结构交换理论完成了从微观层面向宏观层面的过渡。

凯莱和蒂鲍特（Kelley and Thibaut，1986）基于社会情境中个体之间社会交换行为的认知分析提出了认知交换理论。在霍曼斯的基础上对报酬与代价等概念、使用情境进行了重新诠释。他们运用社会交换矩阵来研究人们之间的相互关系。个体在社会互动的交往中逐渐储备了多种选择的行为库，在交换过程中，交换双方依据交换内容从库中匹配相应的行为表现，进而获得有差异的交换结果，每一个个体都可以通过调节自己的行为而改变交换结果。

近年来，更多的学者将社会交换理论用于研究员工—组织关系。员工与组织之间关系得以建立的原因是员工以忠诚和工作来获得组织回报的各种奖赏（Rhoades and Eisenberger，2002），组织与员工关系实质上就是交换关系（Shoreand Coyle-Shapiro，2003）。知识权力氛围、组织认同则是组织与员工交换关系的心理感受和行为表现。员工—组织关系一旦确立，员工在心理层面感知组织对自身心理需求的满足，以更积极的工作行为促进组织的发展，这样就形成了员工与组织相互依存的交换关系（刘小平，2011）。在人力资源管理实践中，根据社会交换理论，组织要尽可能地提高对员工的物质及非物质报酬投入，增强员工对组织的认同感，给予知识更多的权力，对知识拥有者给予更多的奖励、影响力及晋升。作为回报，员工会持续地积累知识、产生知识，进而激发创新行为，提升组织创新绩效和区域的创新能力。

二、知识管理理论

企业资源观理论把知识当作组织最重要的战略资源（Conner and Prahalad，1996；Nahapiet and Ghoshal，1995；Pettigrew and Whip，1993）。能否有效管理知识就成为组织一项最为重要的挑战（Drucker，1993；Davenport and Prusak，1995；Alavi、Leidner、郑文全，2012）。

美国生产力和质量中心（American Productivity and Quality Center，APQC）将知识管理界定为“识别、获取和利用知识的战略过程”。知识管理是一种“转变信息、智力资产成为组织客户和员工的持续价值的艺术”（Knapp，1998）。克罗赫（Krogh，1998）认为知识管理是识别和协调组织中的知识来提升组织竞争力。达鲁赫（Daruch，2003）将其定义为“在组织内创造、分享、分配以及利用知识的过程”。罗利（Rowley，2000）将其定义为包括“获取”“转移”“存储”“共享”和“创造”等要素组织知识资产的开发活动。知识管理指组织通过对知识资本的处理和协调进行价值的创造（Maurizio、John、Andrea，2015）。知识管理的关键在于推进知识的获取、共享与利用，让知识创造相应的效益（Davenport and Klahr，1998；Probst、Rub、Rumhardt，2000）。知识分类模型认为，知识管理对象包括显性知识和隐性知识，可以通过内部化、外部化、社会化、联合化等方式进行转移（Nonaka and Tackeuchi，1995）。知识管理包括获取、共享、存储、应用等过程（Jordan and Jones，1997）。知识管理支持了组织个体利用其他知识的过程（Sabherwal and Fernandez，2006）。知识共享是知识管理实施的唯一而且最重要的过程（Bock and Kim，2002；Mason and Pauleen，2003）。因此，本研究的知识管理理论主要强调为了实现知识应用（创新绩效、创新能力提升）的目的，围绕知识共享探析影响知识共享的环境变量（知识权力氛围）。

三、社会认同理论

基于对种族主义、种族歧视及群体偏见等现象的研究，泰弗尔（Tajfel，1978、1981）逐步提出和完善了他的社会认同理论。他所提出的社会认同强调个体能够感知和认识他自己应该归于哪个或哪些特定的集体，而且他在这个集体中取得了拥有特定价值内涵和意义的集体资格。泰弗尔提出的基本假设主要体现为：任何一个社会（不管大、小）均是由各式各样群体组成的异质性集合体，个体通过群体身份获得自我的概念，从而使自身与社会联系。社会认同在个体对自我的感知和界定中占据重要的位置，它必然会直接或间接影响个体的态度以及相关的行为。自我概念是在个人认同与社会认同的持续相互影响过程中转化而来的有机统一体。个体的自我认同更偏向于对自我的描述和定义，社会认同强调个体所处的社会环境和特定文化氛围，社会认同对自我概念的影响比个人认同更加显著。社会认同理论的核心内容包括社会分类、社会比较和积极区分。个体通过社会分类使世界更加简单化、系统化，有助于形成对自我和他人的认知，依据特定的标准界定自我，规范行为；个体会无意识或有意识地对自我和他人进行归类、比较、判断，明确其认知和观点。只有经过与其他集体的区分与比较分析和探讨，各种群体成员资格才能体现出价值；在进行社会比较时，个体倾向于用正面的特征来界定所属群体，这就形成了积极区分。个体通过积极区分群体的特性，获得优越感，认同强度随之增加。个体对群体社会认同度越高，其行为受该群体成员资格的制约程度就越高。如果个体通过社会比较得出对自己不利的结果，其社会认同度会降低。个体在积极区分原则下，可能采取社会流动、社会创造、社会竞争等策略来提升社会认同度。

社会认同理论强调，社会身份以个体所属的群体特征将个体与群体内“与众相同”的属性和其他群体区分。当个体所属的群体给其提供了正面的群体身份时，他们就会树立对所属群体很高的认同感，使自身的行为符合这一群体的利益。社会认同是个体和群体对于自身的社会角色和身份的自我肯定和他者认可，可以用来解释员工个体与组织之间、个体的认同与行为之间的关系，为组织认同中介效应发挥提供了理论基础。

四、社会认知理论

社会认知理论自提出以后，很多学者用其来解释组织和群体内的个人行为，并且在实证中得到检验（Amabile and Gryskiewicz，1989；Hein and Nago，2001；Shung et al，2012；刘云、张文勤、石金涛，2009；顾远东等，

2010、2011、2014；张宁俊等，2015；张振刚等，2016）。社会认知理论认为，个体并不仅仅被动地接收认知资源，形成对事件的评价及相应的态度，还会根据各自的思维和理解方式对认知资源进行表征，并把这些表征进行强化，与其所处环境进行匹配，进而形成对环境、事件的评价和态度。社会认知理论的基本观点是个体、行为和环境三元交互决定。组织支持感知是个体基本的心理过程之一，影响着人们的决策和行为（孟昭兰，2005）。个体情绪支配并引导其行为，行为作为个体与环境的中介，不仅受人的情感支配，同时也受环境的现实条件制约，行为反过来影响并最终决定个体情感和认知。员工对组织支持、知识权力环境的感知，会影响自身对组织的认同和与同事的知识互动，进而影响自身的创新行为。

五、人力资本理论

人是最宝贵的资源，是国家、区域、组织创新的保障。人力资本是体现在人身上的资本，指花费在人力保健、教育、培训等方面的投资所形成的资本。人力资本思想可以追溯到古希腊思想家柏拉图，他强调了教育和训练的价值。威廉·配第最早提出劳动决定价值思想。亚当·斯密在肯定劳动创造价值的基础上，认为人的劳动技巧高低影响劳动水平，劳动技巧高低取决于教育培训，而教育培训需要投资时间和学费。穆勒认为教育支出会增加国民财富。萨伊认为教育培训支出是资本，科学知识是生产力。马克思的劳动价值理论是人力资本理论的基础。舒尔茨首先明确提出人力资本的概念，认为人力资本是人们通过培训、教育、保健、就业等获得，凝结在其身上的学识、技能、健康的总和；贝克尔研究了人力资本与收入分配的关系。

人力资本理论强调，应把人力资本的再生产看作是投资，而不是消费。人力资本的核心是提高人口质量，区域发展中人力资本的作用大于物质资本，人力资本投资与国民收入正相关，教育是提升区域人力资本最基本的手段。

第三节 模型构建与假设提出

一、区域层次创新能力提升模型构建

（一）变量定义

1. 创新人力资本投资

人力资本概念由舒尔茨首先明确提出，他认为人力资本是人们通过培训、教育、保健、就业等获得，凝结在其身上的学识、技能、健康的总和。贝克尔（Becker，1987）认为人力资本投资主要包括教育支出、保健支出、迁移支出。谭永生（2007）认为，人力资本投资包括教育、在职培训、卫生保健、迁移四种。钱雪亚（2008）将人力资本界定为人口、劳动力、教育、卫生四种；焦斌龙（2010）界定为教育、卫生、科研、培训和迁移五种。姚毅和王朝明（2010）认为人力资本包括教育程度、培训、健康等。本研究将创新人力资本投资确定为包括教育、研发投资两类，由政府主导投资，教育投资主要影响区域创新主体的基本素养，研发投资主要影响区域创新的效率、效果。区域创新人力资本优势既应体现为对各类人才的集聚力，更体现为对区域内部人员创新能力的提升。

2. 知识流动

知识在流动中实现价值（薛伟贤和孙姝羽，2019）。知识流动指通过技术引进、技术交易等方式使知识在区域内外进行转移，实现知识溢出效应的过程。杨薇和江旭（2016）、戴勇等（2011）、罗珀等（Roper et al，2015）的研究表明知识流动是影响创新的主要因素。

3. 区域创新能力

区域创新能力是一个地区创新的潜力，这种潜力最终变为商业发展的动力（Riddle and Schwer，2003）。区域创新能力是一个主体在创新活动中所具有的对环境变化做出反应的能力和利用现有资源的能力（Tura，2005）。中国科技发展战略研究小组、中国科学院大学中国创新创业管理研究中心（2016）将区域创新能力定义为一个地区将知识转化为新产品、新工艺、新服务的能力，表现为知识获取能力、知识创造能力、企业创新能力、创新环境、创新绩效五个方面。笔者认为，区域创新能力是一个具有层次性和动态性的概念，是一个区域内个体所表现出的创新行为推动组织表现出的创新绩效，进而整合为一个区域将新知识转化成新产品、新服务以及新工艺的能力。

4. 知识吸收能力

知识吸收能力概念由科恩和利文森（Cohen and Levinthal，1990）提出。知识吸收能力是组织获取、消化、转化、吸收和利用知识的动态能力（Zahra and George，2002）。知识吸收能力在一定程度上决定了区域新知识和新信息的识别、筛选、内化和整合能力（Inkpen，1998；Lane and Lubatkin，1998）。本研究将知识吸收能力定义为区域获取、消化、转化、吸收和利用知识和信息的动态能力。

（二）模型构建

1. 概念模型

区域创新能力为一个区域将新知识转化成新产品、新服务以及新工艺的能力。将新知识转化成新产品、新服务以及新工艺的能力一方面需要不断增加区域的新知识，新知识的增加可以通过教育、培训、研发等人力资本投资和知识在流动中的溢出效应实现；另一方面，需要提升区域的知识吸收能力。因此，基于人力资本理论和知识管理理论，本研究引入创新人力资本投资和知识流动作为自变量，探究其对区域创新能力的影响。由于知识流动中体现出的溢出效应也会影响区域创新能力，进一步引入知识吸收能力作为自变量，探究其对区域创新能力的效应（图3-2）。

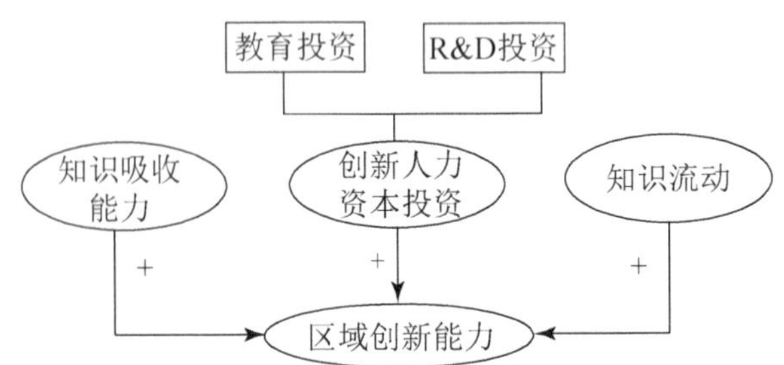

图3-2 区域创新能力作用机制的概念模型

2. 计量模型

罗美（Rome，1990）、琼斯（Jones，1995）基于知识存量、研发投入对知识产出的影响分析，构建了知识生产函数。

$$Y_i = aH_i^{\beta}A_i^{\lambda}$$

式中，Y_i、H_i、A_i 分别代表第 i 年的新知识、研发人员数量和知识存量；a、β、λ 为参数。

本研究根据罗美和琼斯构建的知识生产函数，基于研发投资、教育投资等创新人力资本投资、知识流动、知识吸收能力等变量与区域创新能力关系分析，构建出模型，通过对理论模型两端求对数，构建出计量模型：

$$\ln Y_{i+2} = \ln a + \beta \ln G_i + \lambda \ln R_i + \eta \ln A_i + \theta \ln K_i + \varepsilon_i$$

式中，Y_{i+2} 代表第 i+2 年的区域创新能力；A_i 代表第 i 年的知识吸收能力；G_i 代表第 i 年的教育投资；R_i 代表第 i 年的研发投资；K_i 代表第 i 年的知识流动；a、β、λ、η、θ、ε 为参数。

（三）假设提出

1. 创新人力资本投资对区域创新能力的影响

舒尔茨首先明确提出人力资本的概念，认为人力资本是人们通过培训、教育、保健、就业等获得，凝结在其身上的学识、技能、健康的总和。本研究认为创新人力资本投资为政府对教育、科技等方面的投资。区域创新人力资本作用主要体现为：一方面通过增加教育、研发、培训等人力资本投资，直接提升区域内居民素质，积累知识和技能，将新知识转化成新产品、新服务以及新工艺；另一方面又体现为对各类创新人才的集聚力，通过创新人力资本投资吸引更多的资金、创新人才流入，给劳动力市场带来外溢效应，提升创新能力。为了更有效地区分教育投资、研发投资对区域创新能力提升的影响，基于教育投资和研发投资分别探究其与区域创新能力提升的关系。由此，提出以下假设。

H1a：创新人力资本投资中的教育投资正向影响区域创新能力。

H1b：创新人力资本投资中的研发投资正向影响区域创新能力。

2. 知识流动对区域创新能力的影响

知识在流动中实现价值（薛伟贤和孙姝羽，2019）。知识流动对于区域创新能力提升极其重要（Lerro，2008）。杨薇和江旭（2016）、戴勇等（2011）、罗珀等（2015）的研究表明：知识流动是影响创新的主要因素。随着社会和科技的不断发展，区域发展影响因素更加多元化，单个个体、组织已经很难满足区域创新的需求，知识流动和知识共享能够增加创新主体的知识存量，既有助于缩短创新活动的周期，又能降低知识创新的成本和风险，提高区域创新效率。区域通过知识流动激活区域内外的各类知识，促进组织间知识共享，发挥知识的溢出效应，进而提升区域创新能力。区域可以通过从其他地区获得知识来提升自身的创新能力（侯鹏和刘思明，2013），区域知识流动正向影响区域整体创新水平（Jaffe，1989）。由此，提出以下假设。

H2：知识流动正向影响区域创新能力。

3. 知识吸收能力对区域创新能力的影响

吸收能力是科恩和利文森（1990）在分析研发作用时最早提出的，强调对知识的判断、获取、整合、开发能力。本研究将知识吸收能力定义为区域获取、消化、转化、吸收及利用知识和信息的动态能力。当知识吸收能力较强时，面对知识流动中的海量知识和信息，区域更有能力进行识别、筛选、内化、整合知识和信息，进而提升创新能力（Inkpen，1998；Lane and Lubatkin，1998）。区域知识吸收能力越强，区域对新知识的获取、积累和转化能力就越强，将新知识转化为新产品、新工艺的能力就越强；当区域知识吸收能力低时，即使区域内新知识很多，区域也很难将这些知识转化为自身的创新能力。由此，提出以下假设。

H3：知识吸收能力正向影响区域创新能力。

二、组织层次创新模型构建

区域内各类组织的创新能够推动区域创新能力提升，尤其是企业营造的创新氛围和高校的人才培养。本研究主要基于企业创新绩效提升和高校的创新创业教育来探析组织层次创新能力的提升。

（一）企业创新绩效作用机制模型构建

知识本身所具有的扩散性、延续性（孟晓飞和刘洪，2001）等特征，使知识可以在组织成员间实现共享。但是知识又有别于组织其他资源，知识内化于组织成员。组织成员对愿不愿意进行知识共享、如何知识共享具有绝对的自主权。如果组织成员感知拥有越多的知识在组织内就能获得更多的奖励、支持、信任等支配和控制力，基于理性人假设，他们就更愿意独占而不是共享自己拥有的独有知识，以巩固自己的地位，维持自己的收益。也就是说，不同组织对知识权力的态度和管理有差异。组织如果越重视知识权力，对知识所有者大幅度奖励、晋升，组织成员感知的知识权力氛围就越浓厚，就越愿意创新。基于此，本研究认为有必要构建一个组织层面的新构念——知识权力氛围，来反映组织成员对知识在组织内体现的支配权、控制力的主观感知或感受，并把知识权力氛围作为前因变量，研究其对组织创新的直接和间接影响。

1. 变量定义

（1）知识权力

蔡彬清、陈国宏认为权力以个体或组织为主要研究对象，爱默生则认为权力是组织影响其他组织或个体的动机与行为的能力，表现为奖赏、命令等形式。福柯、戈登等认为权力基于知识，个体权力行使的过程就是知识在组织内应用的过程，并提出了知识权力观。拉蒂夫、汉森则强调知识权力主要来自对自身拥有的知识的控制及支配权。张巍、党兴华从企业整体视角认为，知识权力来源于企业因为自身拥有的独特知识资源而对网络内相关企业行为产生影响的能力。本研究将知识权力定义为组织内知识所有者因为拥有知识而在组织中获得的提高自己的奖赏、资源支配、影响力等权力。

（2）知识权力氛围

笔者查阅了相关资料，暂时未见到关于知识权力氛围的研究。因此，根据研究需要，本研究构建知识权力氛围这一新构念来反映组织成员对组织知识权力的感知。由于相关研究少见，本研究整合了知识权力和组织氛围的相关研究成果，结合本研究的实际情况，主要从知识权力氛围形成原因角度，将知识权力氛围定义为组织成员对知识在组织内享有的奖励、晋升、信任、资源支持、工作影响等权力的知觉或感受；将知识权力氛围划分为奖赏权、配置权、影响力等三个维度。由于国内外相关研究的缺失，本课题对知识权力氛围的研究，带有一定的探索性质。

（3）知识共享

知识共享的定义主要从交换观、过程观、人际互动等视角进行（赵鑫，2011）。交换观视角强调知识共享基于互惠原则，分享各自的知识、技能和经验等；转换观视角认为知识共享是组织及其成员对知识的吸收及应用；人际互动视角认为知识共享是组织成员为了能够帮助其他成员完成工作目标、与他人协作解决问题、发展新观点、实施某种政策或程序，向其他成员提供显性知识和隐性知识的过程（张国峥，2015）。本课题基于研究知识权力氛围对创新影响的目的和社会交换理论，借鉴康奈利和凯洛威（2003）知识共享的定义，将知识共享界定为组织成员为了特定目的与他人交换知识、经验、技能或帮助他人的行为。

（4）创新绩效

创新绩效是生产领域相关的、新颖的和有用的产出（Tierney and Farmer，2002），是从产生创意到新产品创造过程中取得的所有成绩（Ernst，2001）。借鉴恩斯特的定义，本研究将创新绩效定义为从产生创意到新产品创造过程中取得的所有成绩。

2. 组织内知识权力与创新关系分析

知识是社会阶层区分的重要资源，与权力强相关（王林，2017）。理论界和实践界对“知识就是权力”已达成共识。虽然知识与权力的关系密不可分，过往研究却忽视了知识权力这一构念。对知识权力研究的文献主要集中于创新网络中的知识权力，其影响主要体现为，对技术创新网络治理绩效、网络惯例形成、核心企业治理与网络稳定、知识隐藏等方面，对组织内知识权力、个体的知识权力感知研究少见。

对组织创新影响因素的过往研究主要集中于组织因素中的组织氛围、组织对创新的激励、人力资源管理强度、资源支持、团队异质性、工作设计与再设计、文化、结构与战略，个体特征中的人格、知识与能力、认知方式、成就动机、自我效能感、压力源、情绪等。对于组织内知识权力影响创新的研究十分匮乏。

（1）知识权力影响创新的逻辑悖论

本研究基于社会交换理论和社会认知理论分析组织内知识权力影响创新的理论框架（图 3-3），从组织层面和个体层面探析知识权力对创新影响的不同路径、逻辑悖论，并寻求解决之道。

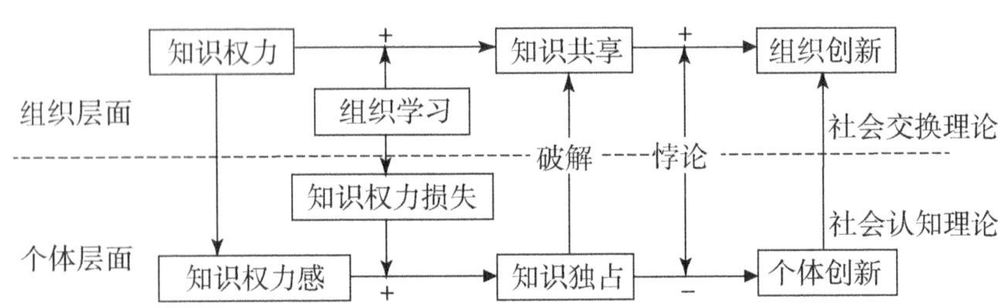

图 3-3 组织内知识权力影响创新的逻辑悖论

1）知识共享逻辑。

古尔德认为互利互惠是所有社会交换都应遵循的最基本法则。许苏明强调人类社会的一切活动都可以理解为交换。班纳德认为，当个体感知组织给予的诱因能够给自身带来利益时，基于互惠和交换的原理，他们会对组织从态度、行为等方面进行回报。组织与个体交换的目的是获得最大化利益。Masterson 认为交换不仅包括物质资源，也包括情感、符号等非物质资源。古尔德认为，个体或组织如果从他人那里得到了令其满意的待遇和利益，他们就有义务回报对方，而这种回报则被当作社会互动的“起动装置”，促使交换双方以后交换的顺利进行。社会交换的持续要依赖于交换双方共同互动的行为，当个体或组织对他人做出报答性互动时，双方的交换就发生了，一旦双方没有互动，交换就停止了。组织与员工间交换关系的形成和维护要依赖于员工通过绩效和忠诚换取组织支付的各类报酬。组织如果赋予知识更多的权力，对知识拥有者给予更多的奖励、影响力及晋升，作为回报，员工会持续地积累知识、产生知识、使用知识。

从组织层面看，知识权力来源于知识所有者对各类稀缺知识的控制以及支配地位。为了获得知识，组织就应赋予知识所有者奖赏、支持等权力。由于获得知识付出了一定的成本，组织更倾向于把员工拥有的知识看成是“我们的”，是组织的公有财产，可以通过组织学习在组织内共享。熊彼特主义强调，知识存量积累状况决定了组织创新程度。而知识存量积累状况又主要来源于组织内动态的、交互的知识活动。创新具有复杂性和动态性等特点，个体不可能掌握创新工作中所需的全部知识。为了有效应对创新过程中的各种变化和阻力，员工通过与同事共享知识能够扩大自己获取知识的边界，增加自己的知识积累。保罗等认为知识共享能够促使不同领域知识产生碰撞，促进新火花、新方法、新思想的产生。组织通过扩大影响力、直接奖励或提拔等方式刺激员工不断生产知识，积累知识、共享知识。作为对组织激励的交换和回报，员工就更愿意将自身拥有的独特隐性知识转化为组织成员均可使用的显性知识，将“我的”个体知识转化为“我们的”群体共享知识。当员工认同自己的知识是“我们的”，所有权归属于组织，与组织其他成员共享知识就属于工作行为。而且，通过组织学习和知识共享，“我们的”公有知识能得到进一步发展。基于社会交换理论，当员工将自己所掌握的知识贡献出来与同事共享时，他也会表现出对来自同事知识的吸收，通过吸收组织内其他成员的独特知识，获得他人的特殊技能，将之转化为自身拥有的知识和技能，进而提高自身的创新能力，运用新知识、新技能将以往的想法、思路重新组合，并把这些新知识运用到自己的工作里，产生新的想法、设计及方案，从而激发创新行为。也就是说，基于知识共享逻辑，组织知识权力正向影响创新。

2）知识独占逻辑。

社会认知理论自提出以后，很多学者用其来解释组织和群体内的个人行为，并且在实证中得到检验。社会认知理论强调个体、行为和环境三元交互。孟昭兰强调，外部环境感知是个体基本的心理过程之一，影响着人们的决策和行为。个体环境感知支配并引导其行为，行为作为个体与环境的中介，不仅受个体感知支配，也受各种现实环境的限制，并进一步反过来影响甚至决定个体对各类环境的主观感知。

从个体层面看，知识权力体现为员工对组织知识权力的自我认知和主观感受。因此，本文构建一个新构念“知识权力感知”，用来反映知识拥有者对自己在组织内基于知识所享有的奖励、晋升、支持、信任、工作自主性等权力的主观知觉或感受。员工拥有的独特知识是其获得组织知识权力的基础。知识具有的价值性、扩散性、重复使用性等特征，使其可能也有必要在组织成员间实现共享。但是知识又有别于组织其他资源，知识内化于员工。员工对愿不愿意与他人共享自身的知识，以及在什么时间、以何种方式、何种程度共享知识拥有绝对的自主权。员工更倾向于把自身拥有的知识看成是“我的”，是私有财产，对知识拥有自主权、控制权。当员工感知知识所有者在组织内享有越多的奖励、晋升、资源支持等支配和控制权力时，在组织内向其他成员公开并共享自己的知识就意味着自身影响力、奖赏等各类知识权力的损失。知识权力损失指员工对将知识与他人共享后在组织内的权力和利益损失的主观感知。基于理性人假设，为了避免自己的知识权力损失，员工可能对自己拥有的独特知识进行保护和防御，避免被他人侵犯，就更愿意独享而不是共享自己拥有的独有知识，维持“垄断”利润和权力。组织如果越重视知识权力，对知识所有者大幅度奖励、晋升，员工的知识权力感知就越强，越不愿意与组织其他成员共享知识，而是独占自己拥有的知识。也就是说，基于知识独占逻辑，个体知识权力感知负向影响创新。

3）独占与共享的逻辑悖论。

在明显合理的前提假设下，基于科学的逻辑推理却演绎出两个对立或自相矛盾的命题，也就是出现了悖论。悖论主要表现为，系统内不同要素之间相互依赖又具有持续性矛盾。知识权力影响创新的过程中，一方面，组织通过资源、流程、管理等方式支持员工进行知识积累、创造，并向知识所有者支付了工资、奖金、职务晋升等报酬。基于社会交换的互惠、公平等原则，组织理所当然地将知识拥有者拥有的与职务相关的知识所有权归属于组织，是“我们的”，知识共享就成为员工的应然角色；另一方面，由于知识具有的模糊性、独特性、不可替代性、高价值性及复杂性等特征，决定了知识不可能剥离于所有者而独立存在。员工所拥有的独特知识是其在组织内获得各种知识权力的根基。由于害怕与他人共享知识后会失去各种权力，员工在心理上更愿意把所有自身拥有的知识都看成是“我的”，是自身长期投资的结果。基于心理所有权理论，员工一旦将拥有的知识感知为个体所有时，就会产生知识的独占欲望，进而排斥组织其他成员的任何知识寻求行为。如果他人使用自己所拥有的知识，在心理上会经历困惑、愤怒等消极情感，产生权力丧失感和不公平感。因此，工作中，在没有外部干预、刺激或内部情感认同时，个体会控制“我的”知识。知识独占就成为员工的实然角色。

综上所述，知识独占与知识共享两种对立逻辑对组织中知识权力影响创新的路径构成了逻辑悖论。

（2）逻辑悖论的耦合：感知知识所有权转移

个体与组织利益的冲突一直是组织管理研究的主线，个体与组织间的逻辑悖论也不可避免。悖论不能消除，只能通过整合和分化策略，在求同存异中找到二者的平衡点，寻求共同发展的耦合。

个体与组织为了各自的利益不断博弈，从而使组织的知识共享逻辑与员工的知识独占逻辑不断重合、分离。在无组织引导状态下，组织和员工各自基于自身的逻辑行动（个体基于对知识权力的独占，组织基于知识共享中的不断创新），不断碰撞，组织的创新目标被无数个员工个体趋利行动淹没，导致创新失败。当个体行动受到组织的引导时，员工个体能够就目标达成共识，倾向合作，无意识的个体趋利行动将逐步转化成有意识的群体一致行动，进而推动组织创新目标的实现。

决定独占与共享聚合的强弱和方向主要来自员工自身主观感知的知识所有权由个体向组织的转移力度。康斯坦特等认为知识组织所有权心理将会转换个体的动机甚至是行为。感知知识组织所有权会让员工的利己个体动机转变为亲社会的组织动机。具有亲社会的组织动机的员工个体体验到助人为乐的满足感及愉悦感，往往表现出更多的人际互动行为和组织公民行为。

当个体感到自己拥有的知识本身就属于“我们的”，共享知识就成为理所当然的工作行为，也就没有知识权力损失的心理感知。如果组织越淡化组织内知识的支配和控制等权力，减少对知识所有者的直接奖励和晋升，鼓励组织成员的公益性或互利性知识共享，员工主观感知的知识权力就越弱，越愿意与组织的其他成员共享知识。当然，感知知识所有权的转移是在员工自身的心理和情感斗争、员工与员工的互动、员工与组织的利益博弈中逐步完成的，同时又随着组织环境、个体情感和利益等因素变化而不断演化，进而形成一条围绕理想状态上下波动的曲线（图 3-4）。

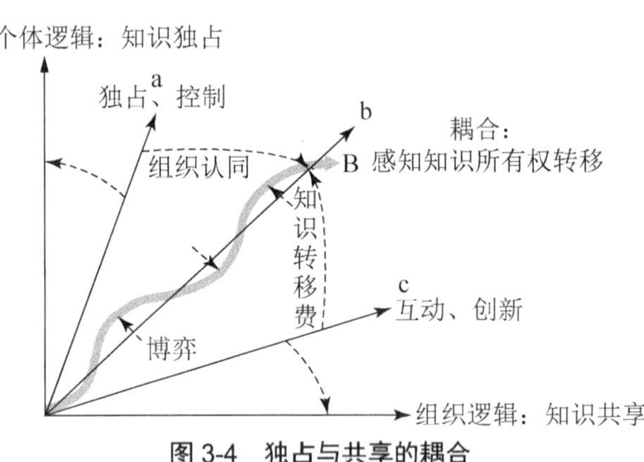

图 3-4　独占与共享的耦合

皮尔斯等强调，对所有权的认识不仅要从法律层面（契约）考虑，还要从心理层面（感知）考虑。心理所有权指个体对目标物所有权归属的心理感知，通过投资、熟悉、控制等路径产生，其本质在于占有。感知知识所有权指个体对知识所有权归属自身或组织的心理认知，表现为感知的知识个体所有权和知识组织所有权两种形式。如果员工认为自己所能控制的独有知识是在自身大量投资的基础上逐渐熟悉和拥有的，是自身的人力资本投资的结果，他就会将知识归属于个体，是“我的”，在这个心理认知过程中感知的是个体知识所有权。如果员工具有强烈的组织认同感，认为“我”就是组织、组织就是“我”，“我的”独有知识是在组织中工作、学习所得到的，“我”的一切都是组织所赋予的，基于社会交换心理，员工会认为知识所有权是“我们的”，是“我”和组织共有的。换句话说，知识独占与知识共享两种对立逻辑可以通过感知知识所有权转移耦合。

从法律层面看，知识和其他财产一样，可以被分为私人和公共两种。但知识具有的高价值性、投资长期性、重复使用性、隐蔽性等特征，从而很难从法律层面对其所有权加以清晰界定。心理所有权指个体对目标物所有权归属的心理感知，通过投资、熟悉、控制等路径产生，其本质在于占有。知识的特性决定了其所有权的归属主要取决于知识拥有者的主观认知。因此，笔者从心理层面探讨知识所有权。关于组织内知识所有权直接研究少见。查阅 CNKI，截至目前，仅有 7 篇文献直接研究知识所有权，主要集中于知识所有权与生产关系、激励、知识共享、知识隐藏、人际信任之间的关系。知识所有权指组织或个体对知识所有权归属自身或组织的心理认知，表现为感知的个体所有权和组织所有权两种形式。个体所有权强调知识属于知识拥有者独有，组织所有权则强调知识属于组织共有。感知知识组织所有权会让员工的利己个体动机转变为亲社会的组织动机。具有亲社会的组织动机的员工个体体验到助人为乐的满足感及愉悦感，往往表现出更多的人际互动行为和组织公民行为。当员工从情感上认同组织或组织给予员工足够的报酬，员工在把自身拥有的知识当成“我的”的同时，会认为知识所有权也是“我们的”，更愿意与他人共享知识。

（3）逻辑悖论耦合的双重机制

1）情感耦合机制：组织认同。

社会认同是个体和群体对于自身的社会角色和身份的自我肯定和他者认可，可以用来解释员工个体与组织之间、个体的认同与行为之间的关系，为研究组织内知识权力影响创新的逻辑悖论的情感耦合机制提供了坚实的理论基础。社会认同理论强调，个人身份以个体具有的“与众不同”的特性将个人与他人区分，社会身份以个体所属的群体特征将个体与群体内“与众相同”的属性和其他群体区分。当个体所属的群体给其提供了正面的群体身份时，他们就会树立对所属群体很高的认同感，使自身的行为符合这一群体的利益。组织认同实质上就是员工将自己与组织视为一体的程度，达到“我们是谁”的确认。个体只有确立了自己的社会角色，在他人的映射中才能感觉到“我”的存在，从而决定自己的行为。

组织认同能够预测员工行为和态度。组织认同感强的员工在心理上与组织交融在一起，能够体会组织的成功与失败，倾向于认为组织是“我”，“我”是组织。员工往往会问自己，“我能给组织做些什么？”而不是“组织能为我做些什么？”所以，有强烈组织认同感的员工更易受到组织的文化与相关规范和制度对其行为的引导或约束力，愿意为完成组织的目标做贡献，努力寻求成为组织的贡献者而不是破坏者，产生更多的组织公民行为。因此，可以通过组织认同的情感机制，加大感知知识所有权由个体向组织的转移力度，推进知识独占与知识共享的逻辑耦合。

2）利益耦合机制：知识转移费。

知识权力对创新的影响过程是个体与组织围绕各自利益进行的博弈。组织通过制度规定知识所有者应享有的权力和利益的形式及程度，知识所有者则根据观测到的权力和利益的形式及程度决定在组织内独占还是共享知识，组织与员工个体基于情境的变化会不断重复、动态地博弈。我们以员工个体和组织作为局中人建模，博弈的参与者 1 是组织，参与者 2 是员工个体，是组织内的知识拥有者。动态博弈的时间顺序：① 参与者 1 从行动的可行集（知识转移费、直接奖励）中选择一个行动策略。② 参与者 2 观测到组织的行动之后从可行集（知识共享、知识独占）中选择一个行动策略。③ 计算出各参与方的收益（L，X）。收益为各参与者的收入减去成本，各自的期望收益为（U_1，U_2）。运用逆向归纳法求该动态博弈的均衡解。要求出这一动态博弈的逆向归纳解，首先应该计算出第二阶段时，参与者 2 对参与者 1 任一行动策略的最优反应 R_2（p）。

假设组织向知识所有者支付知识转移费的概率为 p，发给直接奖励的概率为 1−p。组织的知识转移费为 Z，在个体知识共享时一次性支付；组织的直接奖励成本体现为对个体独占知识运用的成果多次直接奖励，假设每次奖励成本为 J，奖励次数为 n，则直接奖励成本为 nJ。假设个体选择知识共享的概率为 q，知识独占的概率为 1−q。当组织选择支付知识转移费 Z，如果个体选择知识共享，个体的知识权力损失为 S，个体的收益 X_1= Z−S；如果个体选择知识独占，由于不存在知识转移，个体的收益 X_2= 0。当组织选择直接支付直接奖励 nJ，如果个体选择知识共享，个体的知识权力损失为 S，由于知识共享后独特性下降，个体可能不能获取直接奖励，收益为 X_3= −S；如果个体选择知识独占，没有知识权力损失，组织选择多次基于成果支付直接奖励，个体的收益 X_4= nJ。

$R_2(p)$ 应满足条件：使参与者 2 的期望收益最大化，即

$$\max_{0\leq q\leq 1} U_2(p,q) = pq(Z-S) + p(1-q)\times 0 + (1-p)q(-S) + (1-p)(1-q)nJ$$

对 q 求微分：

$$R_2(p)=(pZ-S)/nJ+p-1$$

$$\partial U_2 / \partial q = p(Z-S) + (1-p)(-S) + (p-1)nJ$$

当其一阶微分值为零时可求得行动策略的最优解：

$$p^* = (S+nJ)/(Z+nJ)$$

由于参与者 1 也能像参与者 2 一样解出个体的最优解，组织就会预测到，如果它选 p，参与者 2 根据 $R_2(p)$ 选择 q。那么，博弈第一阶段的问题就是求出组织的最优反应。

组织的收入体现：一是组织在支付知识转移费后，获得的个体知识共享后收入 R_1（由于知识共享可以在组织内实现知识扩散效应，R_1 是多人收入叠加，非常大）；二是在多次直接奖励后，获得的个体知识独占后的科研成果收入 R_2（由于知识独占导致收入仅针对个体，R_2 比较小）；三是在支付知识转移费下，获得的个体独占知识的收入 R_3（个体由于独占知识，得不到知识转移费，企业又没有直接奖励，员工没有得到激励，知识的效应发挥不明显，R_3 的值会非常小，甚至为 0，本文将其视为 0）；四是多次直接奖励下，获得的个体知识共享后的收入 R_4（个体由于共享知识，降低了知识的独特性，所获得的直接奖励下降，员工得不到充分激励，知识的扩散效应发挥不明显，R_4 的值会远远小于 R_1）。个体的行动包括知识共享和知识独占两种。如果组织预测个体选择知识共享策略，组织选择向知识所有者支付知识转移费策略，组织的收益 $L_1=R_1-Z$；如果预测个体选择知识共享策略，组织选择直接奖励个体的知识共享行为，由于共享导致知识独特性和价值下降，组织支付的直接奖励很小，假设为 0，组织的收益 $L_2=R_4$；如果个体选择知识独占策略，组织选择多次直接奖励个体自身运用知识的成果策略，组织的收益 $L_3=R_2-nJ$；如果个体选择知识独占策略，组织选择支付知识转移费策略，组织的收益 $L_4=0$。

此时，组织的期望收益函数为

$$\max U_1 = pq(R_1-Z) + p(1-q)\times 0 + (1-p)(1-q)(R_2-nJ) + (1-p)qR_4$$

将 $R_2(p)=(pZ-S)/nJ+p-1$ 代入 $\max U_1$ 中，对 p 求微分：

$$\partial U_1 / \partial p = q(R_1-Z) - qR_4 + (q-1)(R_2-nJ)$$

当其一阶微分值为零时，可求得行动策略最优解：

$q^* = (nJ - R_2)/(nJ - R_2 + R_4 + Z - R_1)$

通过以上动态博弈分析可知：① 组织以$\frac{S+nJ}{Z+nJ}$的概率选择支付知识转移费。组织选择支付知识转移费概率的大小主要取决于知识转移费 Z 和员工个体知识权力损失 S 的关系。组织支付的知识转移费 Z 必须大于员工个体知识权力损失 S，并且当员工个体的知识权力损失越大，组织越应该选择一次性支付知识转移费。② 员工个体以$\frac{nJ-R_2}{nJ-R_2+(R_4+Z-R_1)}$的概率选择知识共享。员工选择知识共享概率大小主要取决于知识转移费 R_4+Z-R_1 的大小。组织支付的知识转移费 Z 与多次直接奖励下组织获得的个体知识共享后收入 R_4 的和必须大于 R_1。并且组织在支付知识转移费后，获得的个体知识共享后收入 R_1 越大时，员工个体选择知识共享的概率越大。也就是说，组织认为知识共享能够给组织带来更多的共享收入，组织就愿意支付更多的知识转移费。基于社会交换理论中的互惠原则，组织向员工支付的知识转移费越多，越能弥补知识权力损失，个体越愿意将自己独有的知识贡献出来让他人共享。因此，参与者 1 和参与者 2 动态博弈的结果是——支付知识转移费，知识共享。也就是说，通过支付知识转移费的利益机制可以推进知识独占与知识共享的逻辑耦合。

基于上述分析得出如下结论：一是由于个体和组织利益诉求的差异，组织内知识权力影响创新存在逻辑悖论。基于知识共享逻辑，组织知识权力正向影响创新。基于知识独占逻辑，个体知识权力感知负向影响创新。二是悖论不能消除，但可以通过感知知识所有权转移的耦合逻辑来整合和化解悖论。通过组织认同的情感机制和支付知识转移费的利益机制将感知知识所有权由个体转化为组织，寻求个体和组织利益的一致性。三是基于组织与员工动态博弈，最有效地策略是组织选择支付知识转移费，员工选择知识共享。当然最优行动策略的选择受到组织向员工支付的知识转移费成本、组织从员工知识共享带来的预期收益、员工知识共享带来的知识权力损失等因素的影响。

本研究基于新的研究视野考察了知识权力影响创新的深层次逻辑问题，对于化解知识独占与共享两种逻辑悖论导致的管理实践问题，使个体与组织创新趋向一致具有现实意义。组织应实施动态的知识管理策略，推进创新。企业资源观将知识当作组织最重要的战略资源，梅森和宝琳等认为，知识共享则是知识管理最重要的过程。组织中的知识独占与知识共享两种对立状态实现完全均衡在现实中不可能实现，随着组织和员工的不断动态博弈，有时偏向独占，有时偏向共享。因此，组织应随着情境的变化实施动态的知识管理策略，引导员工由知识独享向知识共享转化，让知识成为创新的主要动力。

3. 模型构建

基于知识权力与创新关系分析，笔者在模型构建中引入知识共享作为直接变量，打开知识权力氛围影响组织创新的“黑箱”。知识具有的扩散性、延续性（孟晓飞和刘洪，2001）等特征，使知识可以在组织内实现共享。但是知识又有别于组织其他资源，知识内化于组织成员。员工对愿不愿意进行知识共享、如何知识共享具有绝对的自主权。如果员工感知拥有越多的知识在组织内就能获得更多的奖励、支持、信任等支配和控制力，基于理性人假设，他们就会不断创新，获取新知识。不同组织对知识权力的态度和管理有差异。组织如果越重视知识权力，对知识所有者大幅度奖励、晋升，员工感知的知识权力氛围就越浓厚，越有利于创新行为的激发。基于此，本研究认为有必要构建一个组织层面的新构念——知识权力氛围，来反映组织成员对知识在组织内体现的支配权、控制力的主观感知或感受，并把知识权力氛围作为组织层次变量，研究其对知识共享、组织创新的影响。组织层次上，为了可持续发展，组织有“知识推动创新”的组织利益诉求。组织通过营造良好的知识权力氛围，推进组织成员间的知识共享，进而提高创新绩效。同时员工通过奖励、晋升、赏识等组织激励及与其他员工之间的知识共享，激发其创新行为，实现“知识就是权力”（Brown，1993）的个体利益诉求。

尽管知识与权力、创新密不可分，理论界和实践界对“知识就是权力”已达成共识，却忽视了对知识权力和知识权力对创新影响的研究（Gordon and Grant，2004）。知识权力能否 / 如何通过个体利益诉求的实现推进个体创新？进而实现“知识推动创新”的组织利益诉求？社会交换理论认为，组织与员工关系实质上就是交换（Shore and Shapiro，2003），员工以工作来获得组织回报的各种奖赏（Rhoades and Eisenberger，2002）。组织整体环境决定了员工知识使用和创造程度（Kanter，2000）。知识管理成为组织管理研究的热点问题，学者们对知识管理能够增强组织创新、提升组织竞争力、鼓励知识共享等观点已达成共识。本部分基于知识管理理论和社会交换理论，从知识管理情境（组织知识权力氛围）—过程（知识共享）—结果（创新绩效）的逻辑路径，探究组织层次的创新行为激发机制。模型图如图 3-5 所示。

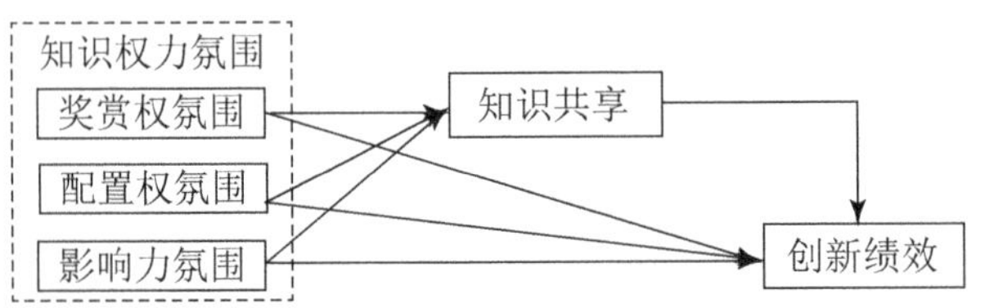

图 3-5　知识权力氛围影响企业创新绩效的理论模型

（1）知识权力氛围对创新绩效的直接影响

组织整体环境决定了组织内部个体知识使用和创造程度，这些因素包括通过制度奖励知识与信息交流的开放和沟通，充足的资金和时间等资源（Kanter，2000）。知识被视为阶层区分的重要资源，与权力具有很强的关联性（王林，2017）。基于社会交换理论的互惠原则和理性原则（Blau，1964），员工为了获得尽可能大的权力和利益，在运用知识创新时，会选择与组织或他人交换，交换不仅包括奖金、福利等物质资源，也包括尊重、情感、符号等非物质资源（Masterson，2000）。知识权力氛围为组织成员对知识在组织内享有的奖励、晋升、信任、工作影响等权力的知觉或感受，包括奖赏权、配置权、影响力等三个维度。创新绩效是从产生创意到新产品创造过程中取得的所有成绩（Ernst，2001）。组织成员感知组织为知识所有者提供了更多的奖赏权时，为了自身获取更多的奖赏，就会进行知识隐藏，限制了知识在组织内的溢出效应，进而抑制企业创新。组织成员感知组织为知识所有者提供了更多的资源配置权、工作影响力时，基于个体利益最大化的诉求，就会不断积累知识，产生新创意、新想法，创造新知识和新产品，从而激发更多的创新行为，进而提升企业的创新绩效。据此，提出以下假设。

H1a：奖赏权氛围负向影响企业创新绩效，即知识奖赏权氛围越浓厚，越不利于企业创新绩效提升。

H1b：配置权氛围正向影响企业创新绩效，即知识配置权氛围越浓厚，越有利于企业创新绩效提升。

H1c：影响力权氛围正向影响企业创新绩效，即知识影响力氛围越浓厚，越有利于企业创新绩效提升。

（2）知识权力氛围对创新绩效的间接影响：知识共享的中介效应

企业创新依赖于员工，个体创新行为产生是环境—认知—行为互动的结果。组织一方面通过赋予知识所有者各种权利激励个体运用知识创新，另一方面，由于组织自身不可能创造知识，需要激励个体间通过知识共享来传播知识、创造知识，进而创新。我们认为，在组织知识权力氛围影响创新绩效的过程中，知识共享程度的差异，会强化甚至叠加知识权力氛围对创新绩效的影响，即知识共享在知识权力氛围影响创新绩效的过程中起到中介效应。

1）知识权力氛围对知识共享的影响。

知识具有的扩散性、延续性（孟晓飞和刘洪，2001）等特征，使知识可能在组织成员间实现共享。但是知识又有别于组织其他资源，知识内化于组织成员。组织成员对愿不愿意进行知识共享、如何共享具有绝对的自主权。基于社会交换理论，当个体感知组织赋予的知识权力能够弥补知识共享损失，增加收益时，就会愿意帮助组织或组织成员，与他人共享自己的知识、成果（Isen、Daubman、Nowicki，1987；Isen，2002；Lount，2010；郭小艳和王振宏，2007；何晓丽，2011）。知识共享为组织成员为了特定目的与他人交换知识、经验、技能或帮助他人的行为。如果组织形成拥有知识或运用知识在组织内就能独享更多的金钱、晋升等外在激励的奖赏权氛围时，基于理性人假设，组织成员就不愿意与他人共享知识，而是独占知识。如果组织形成拥有知识或运用知识就能支配更多的人、财、物、信息等资源配置权氛围，为了更有效地运用权力，员工愿意与他人共享知识；如果组织形成同事尊重、领导赏识，进而获得的社交、尊重等内在影响力氛围，员工间以开放的心态，相互信任、相互尊重，形成良好的人际互动关系，强化影响力的知识权力氛围，则组织成员通过各种方式与他人知识共享。据此，提出以下假设。

H2a：奖赏权氛围负向影响知识共享，即组织知识奖赏权氛围越浓，越不利于组织成员间的知识共享。

H2b：配置权氛围正向影响知识共享，即组织知识配置权氛围越浓，越有利于组织成员间的知识共享。

H2c：影响力权氛围正向影响知识共享，即组织知识影响力氛围越浓，越有利于组织成员间的知识共享。

从三个假设看，影响力权和配置权维度正向影响知识共享，奖赏权维度负向影响知识共享。

2）知识共享对创新绩效的影响。

创新具有复杂性和动态性等特点，组织任何一个成员不可能掌握创新工作中所需的全部知识。为了有效应对创新过程中的各种变化和阻力，组织成员通过与同事共享知识能够扩大自己获取知识的边界，增加自己的知识积累。知识共享可以促进知识的碰撞和新思想的产生（Paul et al，2004）。基于社会交换理论，知识共享是组织成员相互交换知识并联合创造新知识的过程。员工在创新过程中关心知识源，尤其是与同事的知识分享、互动与传递（路琳和梁学玲，2009）。基于个体情感、利益等需求，组织成员通过知识援助、知识交流与同事进行互惠型知识共享时，也会表现出对来自同事知识的吸收，通过吸收同事知识，获得同事的知识、技能，提高自身的创造力，并把它们应用到现有工作中，产生新的想法和方案，促发创新绩效的提升（Rahab，2011）。基于组织尊重、自我实现等需求，组织成员通过报告会、演讲、培训等方式进行公益型共享，将自身知识、经验、技能在组织内进行交流、传播和扩散。在知识交流与扩散中，促进同事创新的同时，自身也不断吸收、创造新知识，产生新想法，提升组织绩效，在组织内激发更多的个体创新行为。据此，提出以下假设。

H3：知识共享正向影响创新绩效，即组织成员与同事间的知识共享越多，越有利于组织创新绩效的提升。

3）知识共享的中介效应。

虽然未能查到更多直接反映组织知识权力氛围、知识共享与创新绩效关系的文献，但我们基于下述理由认为知识共享起着中介作用。组织成员感知组织的知识权力氛围，就会动态地调整自己的行为，帮助自身适应环境，改善社会关系，推进与他人的人际互动（Keltner and Kring，1998；Van Kleef，2007）。知识与其他组织资源不同，它内化于组织成员。因此，组织成员对愿不愿意在组织内进行知识共享、如何共享具有绝对的自主权。当感知组织知识的配置权、影响力氛围，基于尊重、自我实现等内在激励，组织成员更愿与他人合作，与他人共享自己的知识成果（Lazarus，1991），促进知识共享。当感知组织知识的奖赏权氛围时，基于理性人假设和安全需要等，组织成员更倾向于在同事中隐藏知识，而不是共享知识，进而制约组织创新。因此，提出以下假设。

H4a：知识共享在奖赏权氛围对创新绩效影响过程中起中介作用，即奖赏权氛围越浓厚，组织成员与同事间的知识共享越少，越不利于组织创新绩效提升。

H4b：知识共享在配置权氛围对创新绩效影响过程中起中介作用，即配置权氛围越浓厚，通过组织成员与同事间的知识共享，越有利于创新绩效提升。

H4c：知识共享在影响力氛围对创新绩效影响过程中起中介作用，即影响力氛围越浓厚，通过组织成员与同事间的知识共享，越有利于创新绩效提升。

（二）高校创新创业教育模型构建

创新创业教育是深化高等教育教学改革、培养高素质创新型人才、建设创新型国家的重大战略举措。2015 年 10 月，国务院下发《统筹推进世界一流大学和一流学科建设总体方案》，明确指出要“着力培养具有历史使命感和社会责任心，富有创新精神和实践能力的各类创新型、应用型、复合型优秀人才”。党的十九大报告强调“实现高等教育内涵式发展”。培养造就具有创新精神和实践能力的高质量人才成为新时代高等教育的重要使命。2017 年，中共中央办公厅、国务院办公厅印发《关于深化教育体制机制改革的意见》，指出把创新创业教育贯穿人才培养全过程，高校创新创业教育备受关注。高校学生作为创新创业的主体之一，在中国经济转型和稳增长的“双引擎”之一“大众创业，万众创新”中扮演重要角色，高校创新创业教育也是高等教育改革的重要方向。创新创业教育是知识经济时代培养大学生创新精神和创业能力的需要，是建设创新型国家，也是员工职业成功的重要保障。本部分首先基于 IPO 视角构建创新创业教育绩效评价模型，再进一步探讨高校创新创业教育对个体职业发展的作用模型。

1. 高校创新创业教育影响职业发展模型构建

（1）变量定义

1）高校创新创业教育。

高校创新创业教育是以培养学生具有创业基本素质和创新能力的人才为目标，通过校内、校外教育培养在校生的创业意识、创新精神、创新创业能力。本研究基于对已毕业大学生在校期间经历的创新创业教育进行测量，包括专业学习经历和创新创业学习经历两个维度。

2）职业发展。

职业发展指已毕业大学生对现在正在从事职业的自我评估，主要包括职业满意度和创新度。职业满意度指已毕业大学生对现在正在从事职业的薪酬、稳定性、环境等方面的满意感；职业创新度指已毕业大学生在现在正从事职业中所表现出的创新意识、创新行为及创新绩效。

（2）模型构建

依据角色理论，个体在不同情景下扮演着不同角色，角色中包含着角色期待（Biddle，1979）。大学生在大学期间主要扮演的是学生角色，在父母、亲戚、老师、同学及朋友的鼓励和期待下，学习知识和努力提升个人能力是大学生在该阶段的主要任务。自我决定理论认为，如果人们的自主、胜任和关系这三个基本需求能得到满足，那么他们倾向于具有更高水平的绩效、健康和幸福感（Deci and Ryan，2000；Ryan and Deci，2000；Ryan and Frederick，1997）。大学毕业生职业满意度和职业创新度作为衡量其职业发展的重要指标，是否受到高校创新创业教育的影响？哪些创新创业教育经历会影响已毕业工作的大学生职业满意度和创新度？基于文献梳理和调研，本研究将高校创新创业教育分为专业学习经历和创新创业学习经历两类；专业学习经历包括课程知识学习、课外专业知识学习及专业证书考取等经历；创新创业学习经历包括对政府、学校投入的感知度、教学改革、课程改革等经历。研究基于角色理论和自我决定理论，构建高校创新创业教育与职业发展之间的关系模型（图3-6）。

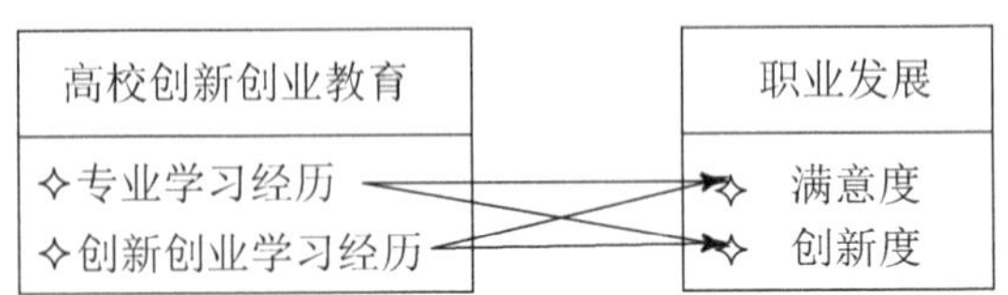

图3-6 高校创新创业教育与职业发展之间的关系模型

（3）假设提出

从某种意义上来说，高校创新创业教育经历与职业发展之间有一定联系。目前关于大学生在校经历对就业满意度的影响研究非常少，但在研究大学生职业发展影响因素时，有多位学者不同程度提到大学生在校期间的实习经历、参与竞赛、专业课程成绩会显著影响大学生职业发展（方胜强，2014；徐维艳等，

2017），邢朝霞和何艺宁（2013）通过问卷调查发现，大学生在校期间的社会实践经历、学生工作经历、专业成绩影响其职业满意度。据此，结合本研究梳理的高校创新创业教育类型，提出以下假设。

H1a：高校专业学习经历正向影响个体职业满意度。

H1b：高校专业学习经历正向影响个体职业创新度。

H2a：高校创新创业学习经历正向影响个体职业满意度。

H2b：高校创新创业学习经历正向影响个体职业创新度。

2. IPO 视角下高校创新创业教育绩效评价模型构建

本部分在前文分析创新创业教育对大学生未来职业发展影响的基础上，以在校大学生为研究对象，基于大学生评价视角，以 IPO 为工具，开发高校创新创业教育绩效评价工具，以问卷法对创新创业教育环境与政策、绩效等内容进行了调查，并对创新创业教育绩效进行评价，以期对高校创新创业教育提供一点建议。本研究以创新创业教育的基本内涵为基础，基于投入、过程、产出三个方面来构建高校创新创业教育绩效评价体系（图 3-7）。

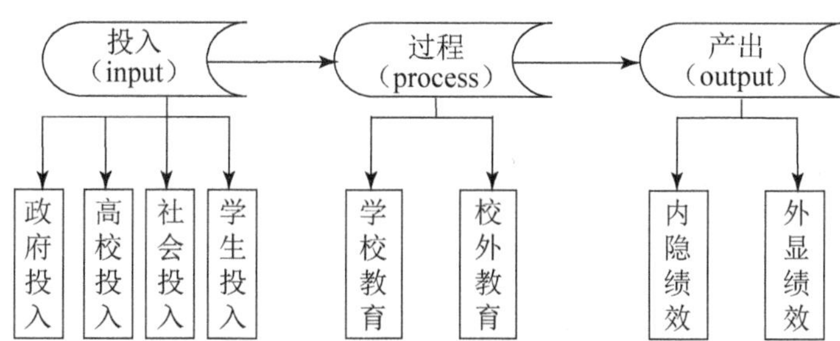

图 3-7　高校创新创业教育绩效评价模型

（1）教育投入

这里的创新创业教育投入比较宽泛，指政府、社会、企业、大学生自身对创新创业教育的各类投入，主要体现为学校持续地增加创新创业教育投入和教学改革，社会各界给大学生创新创业提供了更多的资源，政府加大了创新创业教育投入力度和政策支持，企业给予大学生更多的创新创业实践机会，大学生花了更多的时间和精力在创新创业方面。

（2）教育过程

创新创业教育过程指大学生在校内外进行创新创业学习、实践、参加竞赛等过程，包括学校教育过程和校外教育过程两个维度。学校教育过程主要体现为关于创新创业教育的课堂教学、课程内容、相关制度、政策辅导、各类竞赛等；校外教育过程包括媒体关于创新创业的报道，社会的支持、讲座、培训，国家政策引导、高教改革等。

（3）教育绩效

创新创业教育绩效作为结果，主要体现为大学生关于创新创业认知和能力的提升，以及积极参与各类创新创业活动。教育绩效基于是否外显，分为内隐绩效和外显绩效。内隐绩效指经过创新创业教育后，大学生在对创新创业的认知、创新创业自我效能及各方面看不见的能力的提升，如创新创业意识、资源寻求、提出新想法等；外显绩效指大学生经过创新创业教育后展现出来的能直接观测到的行动或结果，如设计活动方案、组织活动、专业知识掌握、参加比赛、撰写论文等。

三、个体层次创新模型构建

创新的每个阶段伴随不同的活动和行为（Scott and Bruce，1994）。创新是将创造性想法付诸成功的实践的过程（Amabile，1988；Goyal and Akhilesh，2007）。组织创新涉及组织、个体等层次，个体层次的创新行为是组织和区域层次的基础（Shalley，1995）。创新驱动发展战略推进的微观基础来源于组织的持续创新。个体创新行为是组织创新的关键要素，为组织持续注入活力。科技人才从事创造性工作，利用科技提高生产率，是组织独特的、高价值的核心员工，其积极的创新行为扩散至组织内外后，能够提升组织、区域、国家的创新能力和绩效。对个体创新行为前因变量的研究主要集中在目标导向、心理资本、员工个体认知、领导风格、领导—成员交换等方面。对于认知和情感层面的组织支持感、结果期望如何交互影响科技人才创新行为少有研究。

（一）变量定义

1）创新行为。创新是将创造性想法付诸实践的过程，本质上是由无到有、由旧到新的过程。创新过程主要体现为三个阶段：明确问题和设计框架，寻求人员和资源支持，新标准产生和新模式扩散。个体创新行为包括创新机会的寻找、确立、调研、寻求支持及使用与扩散等阶段，是员工产生、引进和应用有益的新颖想法的过程。本研究将创新行为定义为员工在工作过程中，产生新想法、新方案、新思想，寻求支持并将其引入、运用到组织的过程。

2）组织认同。组织认同是员工的一种情绪反应，是个体对自己是否从属于组织或与组织一致的认知，达到“与众相同”的确认。

3）组织支持感。组织支持感是员工对自己在组织中工作环境的主观认知性评估，主要体现为情感和工具支持。

4）结果期望。结果期望是人的能动性体现，指员工从事某项工作主观期望得到的回报，包括绩效提升期望和人际关系提升期望两个维度。

（二）模型构建

社会认知理论强调，人们面临复杂多变的情境时，对环境的认知会与自身的情感、行为相互影响，产生交互作用。社会交换理论认为，所有的关系都基于交换原理和其原则发生，组织与个体关系本质上是一种特定的交换，员工以工作来获得组织回报的各种奖赏。员工对工作情境的认知、对组织的情感与认同和自身的发展期望交织并激发其创新行为的产生。以下整合社会交换理论、社会认同理论，构建影响员工创新行为的有调节的中介效应模型（图 3-8），深入剖析情感、认知等心理因素对创新行为的影响机制，并进行实证检验。

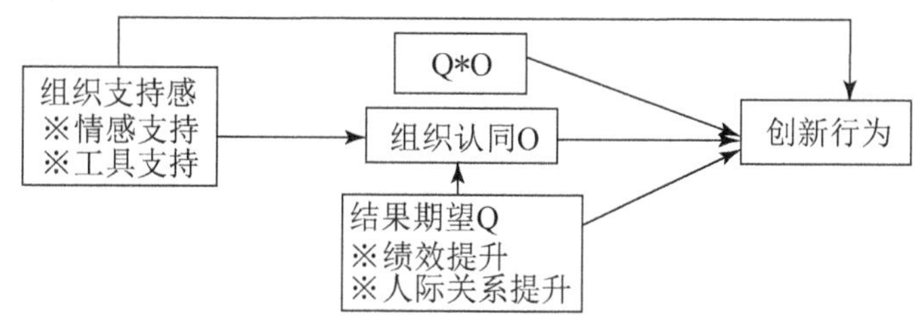

图 3-8　有调节的中介效应模型

注：Q*O 指调节变量结果期望 Q 与中介变量组织认同 O 的乘积。

（三）假设提出

1. 组织支持感对创新行为的直接影响

员工在一定时期会对工作中组织是否支持他们、是否关注他们的福利、如何考核他们的绩效做出整体的认知评价。组织支持感为员工主观感知的组织与上级在工作中对自己的心理上或物质上的关怀、帮助和支持，是组织期望获得的行为以及这些行为潜在的结果，包括情感支持和工具支持两个维度。创新是将创造性想法付诸实践的过程，本质上是由无到有、由旧到新的过程。创新过程主要体现为三个阶段：明确问题和设计框架，寻求人员和资源支持，新标准产生和新模式扩散。个体创新行为包括创新机会的寻找、确立、调研、寻求支持及使用与扩散等阶段，是员工产生、引进和应用有益的新颖想法的过程。由于人力资源具有自主性、创造性等特征，其对自身工作环境的主观认知，会直接影响到其是否愿意创新、是否愿意将创新运用到组织中。组织支持感能预测员工的积极或消极工作行为，进而影响员工绩效。由此，提出以下假设。

H1a：情感支持正向影响员工创新行为。

H1b：工具支持正向影响员工创新行为。

2. 组织支持感对创新行为的间接影响：组织认同的有调节的中介效应

（1）组织支持感对组织认同的影响

社会认同理论强调，社会身份以个体所属的群体特征将个体与群体内“与众相同”的属性和其他群体区分。当个体所属的群体给其提供了正面的群体身份时，他们就会树立对所属群体很高的认同感，使自身的行为符合这一群体的利益。社会认同是个体和群体对于自身的社会角色和身份的自我肯定和他者认可，可以用来解释员工个体与组织之间、个体的认同与行为之间的关系，为组织认同中介效应发挥提供了理论基础。本研究认为组织认同是个体对自己是否从属于组织或与组织一致的认知，达到“与众相同”的确认。组织支持感是员工对自己在组织中工作环境的主观认知性评估，主要体现为情感和工具支持。组织认同是员工的一种情绪反应，积极的认知性评估将导致积极的情绪反应，对组织支持的知觉可以影响员工对组织的认同。由此，提出以下假设。

H2a：情感支持正向影响员工组织认同。

H2b：工具支持正向影响员工组织认同。

（2）组织认同对创新行为的影响

组织认同能够预测员工的行为和态度。组织认同感强的员工在心理上与组织交融在一起，能够体会组织的成功与失败，倾向于认为组织是“我”，“我”是组织。员工往往会问自己，“我能给组织做些什么？”而不是“组织能为我做些什么？”有强烈组织认同感的员工更易受到组织的文化与相关规范和制度对其行为的引导或约束力，愿意为完成组织的目标做贡献，努力寻求成为组织的贡献者而不是破坏者，产生更多的组织公民行为。由此，提出以下假设。

H3：组织认同正向影响员工创新行为。

（3）组织认同对组织支持感影响创新行为的中介效应

组织支持感是员工在工作中从组织或上级的各种行动中获得支持的主观感觉。组织认同强调个体属于组织“与众相同”的群体身份，组织认同一旦形成，个体为了维护群体的身份和相关利益，会对其行为产生比较稳定的效应。在员工的组织支持感正向影响其出现组织期望的创新行为的过程中，他与组织的一致性程度会强化这种影响，即组织支持感通过组织认同的中介间接影响员工的创新行为。由此，提出以下假设。

H4a：组织认同在情感支持影响创新行为过程中起到中介作用。

H4b：组织认同在工具支持影响创新行为过程中起到中介作用。

（4）结果期望对组织认同中介效应的调节

社会认知理论强调人的认知、情感对其行为激发的能动性，结果期望是人的能动性体现。人们根据结果行动，如果员工认为做某件事情会有预期的结果，那么他去做这件事的可能性就比较大。史密斯根据职业选择结果在形式上的表现，归纳出诸如金钱之类的物质类结果、社会认可之类的社会类结果以及个人成就感之类的自我估价类的结果三种形式。大卫等人研究了结果期望对企业家决定开创新事业的影响。结果期望指员工从事某项工作主观期望得到的回报，包括绩效提升期望和人际关系提升期望两个维度。

随着社会发展、社会保障制度的完善，个体在工作中更加追求职业发展前景和工作中的自主性，组织认同对创新行为影响的中介效应叠加效果强弱除受情境感知、情感等个体特质的影响外，还受到个体行为结果的预期对其心理状态影响的调节，即组织认同心理状态中介组织支持感与创新行为的效果如何，将受到结果期望的调节，即组织认同对情感支持和工具支持影响员工创新行为的中介效应发挥会随着员工绩效提升或人际关系提升的结果期望增加而增强。由此，提出以下假设。

H5a：绩效提升正向调节组织认同的中介效应。

H5b：人际关系提升正向调节组织认同的中介效应。

本项目聚焦于创新能力提升，以社会认知理论、知识管理理论、社会交换理论和人力资本理论为工具，从区域层次、组织层次、个体层次探讨了影响创新能力提升的各类因素及其作用机制。本项目研究结果将使管理者更准确理解区域创新能力提升的动态跨层次作用机制和路径，为区域实施创新驱动发展战略提供一定的思路借鉴，指导具体的创新实践，实现区域经济和社会的整体进步。

第四章

研究设计

第一节　区域层次研究设计

一、变量测量

（一）创新人力资本投资

人力资本概念最早由美国芝加哥大学教授、诺贝尔经济学奖获得者西奥多·舒而茨提出。人力资本亦称“非物质资本”，与“物质资本”相对，指体现在劳动者身上的资本，如劳动者的知识技能、文化技术水平与健康状况等。其主要特点在于它与人身自由联系在一起，不随产品的出卖而转移。人力资本通过人力投资形成，主要包括：① 用于教育的支出；② 用于卫生保健的支出；③ 用于劳动力国内流动的支出；④ 用于移民入境的支出。其中最重要的是教育支出，教育支出形成教育资本。通过教育可以提高劳动力的质量、劳动者的工作能力和技术水平。人力资本与物质资本两者共同构成国民财富。基于中共中央组织部编写的《中国人才资源统计报告》，本研究将创新人力资本投资界定为全社会教育支出和研发（R&D）支出之和。

（二）区域创新能力

与外观设计专利、实用新型专利相比，发明专利更具有价值，更能体现新产品和新工艺（赵彦云、刘思明、侯鹏，2011），很多学者（Krammer，2009；赵彦云等，2011；侯鹏和刘思明，2013）采取专利申请授权量来度量区域创新能力。本研究将区域创新能力定义为一个区域内个体所表现出的创新行为推动组织表现出的创新绩效，进而整合为一个区域将新知识转化成新产品、新服务以及新工艺的能力。本研究也使用专利授权量来衡量区域创新能力。

（三）知识流动

技术交易及技术引进是知识流动的主要方式（孙晓阳和詹祥，2016）。本研究聚焦于区域创新能力，主要考虑区域间知识流动，技术市场是不同区域进行知识传播、技术共享和交易的重要途径，也是区域间知识流动的重要渠道（侯鹏和刘思明，2013）。本研究综合以往学者的研究（李艳丽、赵大丽、高伟，2012；侯鹏和刘思明，2013；孙晓阳和詹祥，2016），用技术市场交易成交额衡量区域知识流动水平。

（四）知识吸收能力

知识吸收能力为区域获取、消化、转化、吸收和利用知识及信息的动态能力。多数研究者运用研发人力资本衡量一个区域的知识吸收能力（吕忠伟，2009；Parent and LeSage，2012；侯鹏和刘思明，2013）。研发人员是区域知识积累、吸收、运用和创造的主体。由于统计口径差异，《中国统计年鉴》在2000—2008 年统计科技活动人员数，2009 年开始统计 R&D 人员数。考虑到指标的易获取性，2000—2008 运用科技活动人员数，2009—2017 年运用 R&D 人员数来衡量区域的知识吸收能力。

二、数据来源及描述统计

由于西藏数据大量缺失，本研究数据剔除掉西藏，不包括港澳台地区的全国 30 个省、市、自治区和全国的数据。由于专利从投入到产出大至需要 2 年时间（侯鹏和刘思明，2013），本研究将创新人力资本投资、知识流动影响的滞后时间设定为 2 年，相关指标的数据为 2000—2015 年的数据；衡量区域创新能力的专利授权量指标数据为 2002—2017 年的数据。基础数据主要来源于

《中国统计年鉴（2001—2018）》《甘肃发展年鉴（2001—2018）》《中国科技统计年鉴（2001—2018）》。个别数据来源于全国和各省、市、自治区的国民经济与社会发展统计公报及各部委统计公报。研究涉及的相关变量描述性统计如表 4-1 所示。

表 4-1 描述性统计

变量名称	指标符号	指标单位	标准差	最小值	最大值
专利授权量	zlsql	项	46705.22	70	332652
技术市场成交额	jssccje	万元	3227158	599	34538855
研发人员	yfry	人	126627	3587	699614
教育支出	jyzc	亿元	341.3803	7.27	2040.65
研发支出	yfzc	亿元	296.7204	0.8	1801.2
创新人力资本投资	cxrlzb	亿元	636.5020	8.57	4831.18

从描述性统计数据看，30 个省、市、自治区的面板数据差距巨大。2000—2015 年，创新人力资本投资，最小值为 8.57 亿元，而最大值为 4831.18 亿元，最大值约是最小值的 564 倍，标准差达到了 636.5。2000—2015 年，教育支出，最小值为 7.27 亿元，而最大值为 2040.65 亿元，最大值约是最小值的 281 倍，标准差约达到了 341.4。2000—2015 年，研发支出，最小值为 0.8 亿元，而最大值为 1801.2 亿元，最大值约是最小值的 2252 倍，标准差约达到了 296.7。2002—2017 年，专利授权量，最小值为 70 项，而最大值为 332652 项，最大值约是最小值的 4752 倍，标准差约达到了 46705。2000—2015 年，技术市场成交额，最小值为 599 万元，而最大值为 34538855 万元，最大值约是最小值的 57661 倍，标准差约达到了 3227158。2000—2015 年，研发人员，最小值为 3587 人，而最大值为 699614 人，最大值约是最小值的 195 倍，标准差达到了 126627。

（一）创新人力资本投资

进入 21 世纪，国家加大了科学、教育等支出（图 4-1），大大提升了创新人力资本的质量。

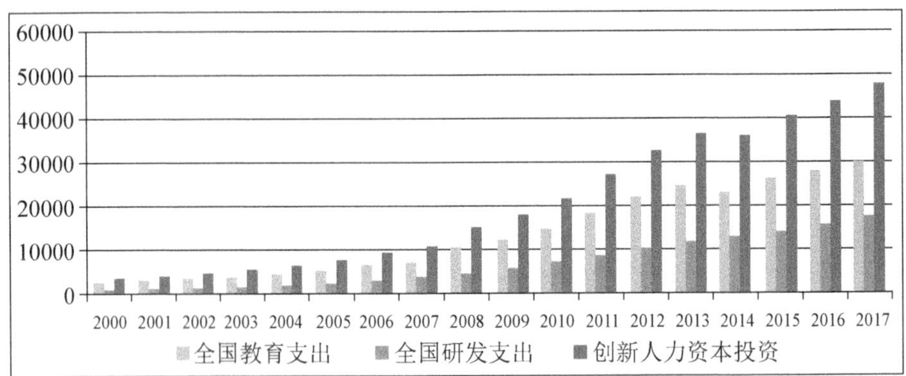

图 4-1 2000—2017 年全国创新人力资本投资及构成

1. 纵向看

从全国整体看，2000 年，全国创新人力资本投资为 3458.3 亿元，到 2017 年增长到 47759.3 亿元，是 2000 年的 13.8 倍。从结构上看，2000 年全国教育支出和研发支出分别为 2562.6 亿元、895.7 亿元，分别占创新人力资本投资的比重为 74%、26%。2017 年教育支出、研发支出分别增长到 30153.2 亿元、17606.1 亿元，是 2000 年的 11.8 倍和 19.7 倍，分别占创新人力资本投资的比重为 63%、37%。全国创新人力资本投资中研发投资的增长速度高于教育支出，2017 年全国经费投入强度达到了 2.13%。

具体到各地区，2000 年至 2017 年间，各省、市、自治区的创新人力资本投资也急剧增长（表 4-2）。

表 4-2 30 省、市、自治区 2000—2017 年创新人力资本投资描述

指标	N	最小值（亿元）	最大值（亿元）	平均数（亿元）	标准偏差
北京创新人力资本	18	215.77	3152.33	1204.5790	889.56657
天津创新人力资本	18	55.57	1046.81	456.8667	377.56479
河北创新人力资本	18	99.95	1640.82	677.0483	536.35537
山西创新人力资本	18	48.06	811.51	382.5883	286.96946
内蒙古创新人力资本	18	33.05	813.81	335.5970	275.79788
辽宁创新人力资本	18	117.77	1185.01	618.6830	405.73695
吉林创新人力资本	18	49.21	730.88	318.7702	236.28994
黑龙江创新人力资本	18	63.88	855.66	395.4222	273.54616

续表

指标	N	最小值（亿元）	最大值（亿元）	平均数（亿元）	标准偏差
上海创新人力资本	18	167.59	2147.82	913.6972	665.28498
江苏创新人力资本	18	190.52	4183.47	1697.5546	1403.56569
浙江创新人力资本	18	111.59	2689.87	1089.5560	870.94839
安徽创新人力资本	18	73.99	1595.33	613.6973	531.82737
福建创新人力资本	18	83.17	1383.43	535.8560	449.43462
江西创新人力资本	18	50.10	1137.42	444.4162	388.02639
山东创新人力资本	18	170.10	3628.45	1464.4118	1226.59346
河南创新人力资本	18	102.13	2074.34	849.7015	700.40950
湖北创新人力资本	18	92.46	1811.03	687.3786	593.93095
湖南创新人力资本	18	70.08	1652.14	640.0937	556.05659
广东创新人力资本	18	251.85	4831.18	1857.6177	1547.69009
广西创新人力资本	18	53.11	1055.91	424.3629	352.64644
海南创新人力资本	18	10.43	272.75	104.3226	93.88031
重庆创新人力资本	18	35.55	1070.06	374.1864	349.13347
四川创新人力资本	18	109.70	2099.07	831.3641	698.86384
贵州创新人力资本	18	35.98	986.83	366.9467	327.03347
云南创新人力资本	18	69.11	1180.57	448.4175	376.34253
陕西创新人力资本	18	87.96	1339.42	582.2391	452.53334
甘肃创新人力资本	18	34.85	722.77	278.8720	229.87397
青海创新人力资本	18	8.57	209.75	88.7985	75.60304
宁夏创新人力资本	18	9.78	218.41	85.1983	70.32455
新疆创新人力资本	18	34.55	859.40	326.8167	282.67907

从均值看，广东创新人力资本投资达到 1857.61 亿元，而最低的宁夏仅有 85.2 亿元，创新人力资本投资高的省、市主要集中在京津冀地区、长三角、珠三角，西部地区的青海、宁夏较低，各省、市、自治区的差异非常大。我国创新人力资本投资呈现出东、中、西递减的发展格局。西部地区的创新人力资本投资水平远远低于东部地区，也低于全国平均水平。

2. 横向看

2017 年，全国创新人力资本投资达到 47759.3 亿元。其中，教育支出、研发支出分别为30153.2、17606.1亿元。各省、市、自治区创新人力资本投资差距很大（图4-2）。

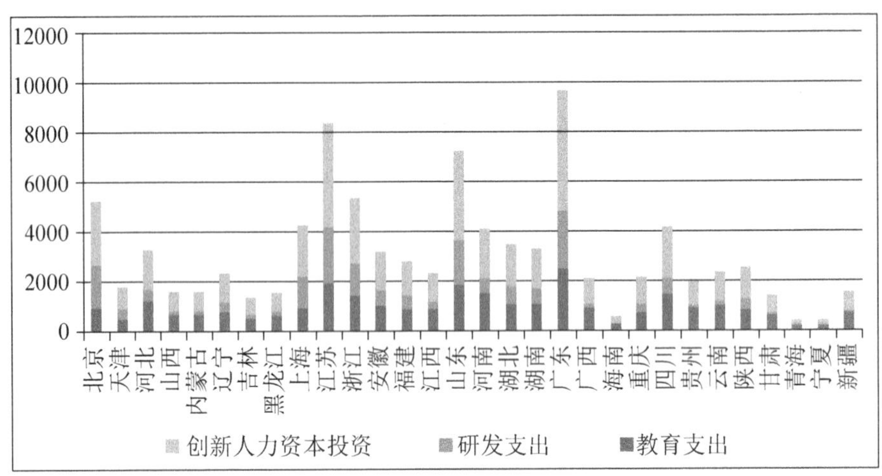

图4-2 2017年各省、市、自治区创新人力资本投资及构成

2017年，创新人力资本投资超过2000亿元的省、市有8个，分别为北京、上海、江苏、浙江、山东、河南、广东、四川。创新人力资本投资低于500亿元的省、自治区有3个，分别为海南、青海、宁夏。广东创新人力资本投资最高，占全国比重的10.1%，青海创新人力资本投资最低，仅占全国比重的0.4%。

2017年，教育支出超过千亿元的省、市有12个，分别为北京、河北、江苏、浙江、安徽、山东、河南、湖北、湖南、广东、四川、云南。教育支出低于500亿元的省、市、自治区有4个，分别为海南、天津、青海、宁夏。广东教育支出最高，占全国比重的8.2%，宁夏教育支出最低，仅占全国比重的0.6%。

2017年，研发支出超过千亿元的省、市有6个，分别为北京、上海、广东、山东、江苏、浙江。研发支出低于100亿元的省、自治区有6个，分别为海南、贵州、甘肃、青海、宁夏、新疆。广东研发支出最高，占全国比重的13.3%，青海研发支出最低，仅占全国比重的0.1%。

全国2017年研发经费投入强度为2.13%，超过全国平均水平的省、市有7个，分别为北京（5.64%）、天津（2.47%）、上海（3.93%）、江苏（2.63%）、浙江（2.45%）、广东（2.61%）和山东（2.41%），这些省份的创新能力相对较强（图4-3）。

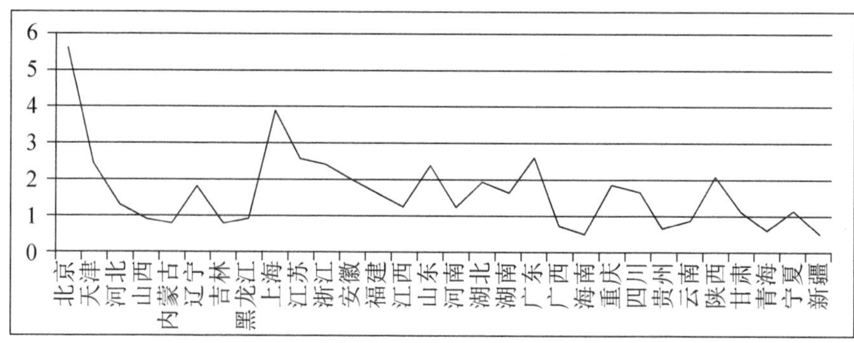

图 4-3　2017 年各省、市、自治区研发投入强度

（二）技术市场成交额

中国的“工业 4.0”时代已逐步走上正轨。坚持创新驱动发展使得我国的科技实力在国际领域凸显竞争优势，技术市场成交额连年快速增长。技术交易及技术引进是知识流动的主要方式（孙晓阳和詹祥，2016）。技术市场是不同区域进行知识传播、技术共享和交易的重要途径，也是区域间知识流动的重要渠道（侯鹏和刘思明，2013）。

1. 纵向看

从全国整体看，2000 年，全国技术市场成交额为 6510000 万元，到 2017 年增长到 134242245 万元（图 4-4），约是 2000 年的 20.6 倍。2000 年至 2017 年间，各省、市、自治区的技术市场成交额也急剧增长（表 4-3）。

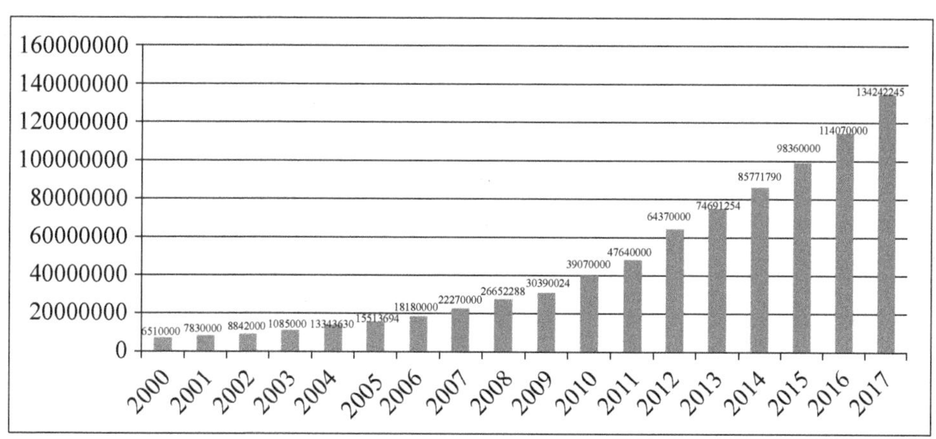

图 4-4　2000—2017 年全国技术市场成交额

表 4-3 30 省、市、自治区 2000—2017 年技术市场成交额描述统计

指标	N	最小值（万元）	最大值（万元）	平均数（万元）	标准偏差
北京技术市场	18	1402871.00	44868872.00	16319297.3333	14180830.67493
天津技术市场	18	262581.00	5526361.00	1859709.6111	1880536.29044
河北技术市场	18	46800.00	889245.00	245576.1667	215252.86746
山西技术市场	18	5258.00	941471.00	235485.5000	252635.84756
内蒙古技术市场	18	58197.00	1060962.00	195487.5183	231219.04022
辽宁技术市场	18	347817.00	3858317.00	1498024.5000	1050828.16969
吉林技术市场	18	71390.00	2199199.00	346965.7389	523015.78655
黑龙江技术市场	18	111035.00	1467121.00	586622.6739	483875.88489
上海技术市场	18	738952.00	8106177.00	3968282.0883	2285988.09982
江苏技术市场	18	449568.00	7784223.00	2675172.9850	2451024.77825
浙江技术市场	18	276275.00	3247310.00	806833.3717	720337.25519
安徽技术市场	18	61011.00	2495697.00	733721.4278	813638.39916
福建技术市场	18	113187.00	754634.00	305458.3744	188449.25453
江西技术市场	18	62724.00	962096.00	286681.4467	280467.77708
山东技术市场	18	232005.00	5116448.00	1410485.2944	1389733.92366
河南技术市场	18	178506.00	768528.00	330801.4100	155147.59488
湖南技术市场	18	276000.00	10330773.00	2548814.4611	3360514.10800
湖北技术市场	18	286833.00	2031915.00	611119.7717	436369.50023
广东技术市场	18	482104.00	9370755.00	2894329.2728	2690839.28201
广西技术市场	18	9423.00	394228.00	83906.3350	107848.71251
海南技术市场	18	1885.29	84000.00	26307.0161	24963.65945
重庆技术市场	18	289484.00	1562007.00	638702.9628	358412.99095
四川技术市场	18	77524.00	4058307.00	1001475.5206	1194903.75644
贵州技术市场	18	599.00	807409.00	115163.9739	192800.87708
云南技术市场	18	50547.00	847625.00	282653.2356	218697.09571
陕西技术市场	18	84615.00	9209395.00	2508714.4850	3211192.65952
甘肃技术市场	18	26413.00	1629587.00	548609.5006	535922.80814
青海技术市场	18	4657.00	677186.00	169182.0222	208624.50720
宁夏技术市场	18	5349.00	66679.00	19873.2456	16854.82632
新疆技术市场	18	12078.00	133370.61	63807.2006	32423.05697

从均值看，北京技术市场成交额达到 16319297 万元，而最低的宁夏仅有 19873 万元，技术市场成交额高的省、市主要集中在京津冀地区、长三角、珠三角，西部地区的青海、宁夏较低，各省、市、自治区的差异非常大。我国技术市场成交额也呈现出东、中、西递减的发展格局。

2. 横向看

2017 年，全国技术市场成交额 134242245 万元。各省、市、自治区技术市场成交额差距大（图 4-5）。

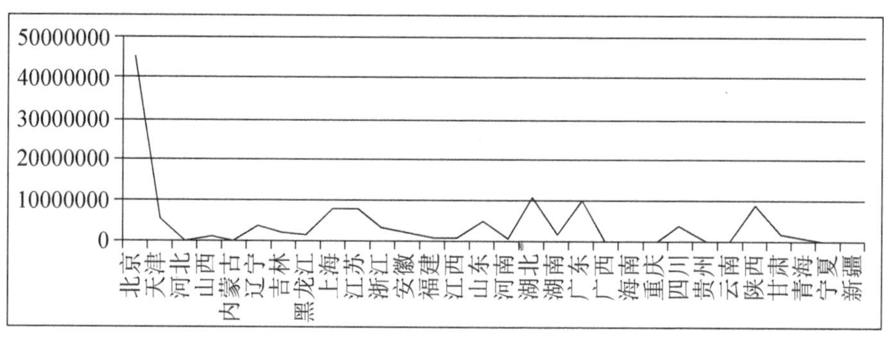

图 4-5　2017 年各省、市、自治区技术市场成交额

2017 年，北京作为中国的政治、经济中心，技术市场成交额远远高于其他省、市、自治区，达到 44868872 万元，占到全国比重的 33.4%。技术市场成交额超过千亿元的省、市有 2 个，为北京和湖南，超过 500 亿元的有 6 个省、市，分别为天津、上海、江苏、山东、广东、陕西。技术市场成交额低于 10 亿元的省、自治区有 3 个，分别为海南、宁夏、新疆，海南技术市场成交额最低，仅占全国比重的 0.03%。

（三）研发人员

区域创新的主体是人力资源，尤其是从事科学研究和产品开发的研发人员。多数研究者运用研发人力资本衡量一个区域的知识吸收能力（吕忠伟，2009；Parent and LeSage，2012；侯鹏和刘思明，2013）。

1. 纵向看

从全国整体看，2000 年，全国科技活动人员数为 3244000 人，到 2008 年增长到4972000人（图4-6），约是2000年的1.5倍。2009年全国研发人员数为3183687人，到2016年增长到5830741人。

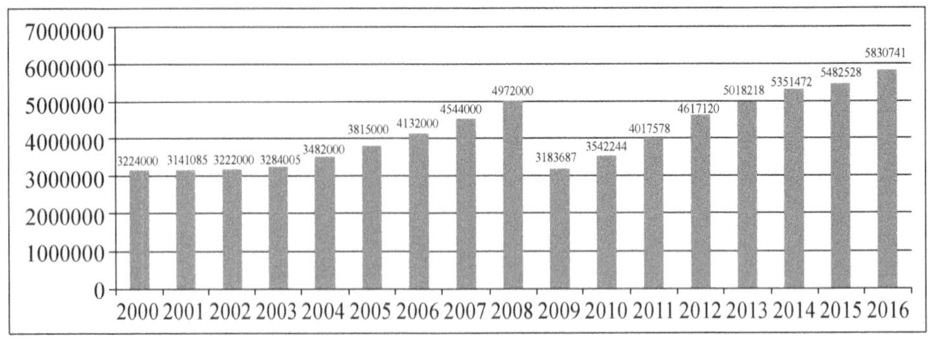

图4-6 2000—2016年全国研发人员数

2000年至2016年间，各省、市、自治区的研发人员也急剧增长（表4-4）。

表4-4 30省、市、自治区2000—2016年研发人员描述统计

指标	N	最小值（人）	最大值（人）	平均数（人）	标准偏差
北京研发人员	17	240609.00	450331.00	325944.6471	66058.55174
天津研发人员	17	70005.00	177725.00	110493.0588	37946.13127
河北研发人员	17	84601.00	164006.00	124701.0000	23908.05711
山西研发人员	17	65147.00	135000.00	84729.2941	23499.25577
内蒙古研发人员	17	31381.00	54641.00	40381.0588	7341.46556
辽宁研发人员	17	119440.00	204000.00	158617.1765	24177.33277
吉林研发人员	17	56428.00	97353.00	75026.9412	10312.94430
黑龙江研发人员	17	71200.00	95011.00	82001.8824	8196.91247
上海研发人员	17	170512.00	254754.00	205143.7059	26892.77534
江苏研发人员	17	194200.00	761046.00	455899.1176	160369.33442
浙江研发人员	17	136302.00	516664.00	310422.5294	120195.16467
安徽研发人员	17	86017.00	211053.00	126827.5294	46818.65299
福建研发人员	17	67508.00	201090.00	117607.5294	45693.14152
江西研发人员	17	51894.00	95141.00	67145.3529	11018.39358
山东研发人员	17	227874.00	476407.00	321505.5294	82614.95223

续表

指标	N	最小值（人）	最大值（人）	平均数（人）	标准偏差
河南研发人员	17	132062.00	249876.00	178364.0000	38736.13167
湖北研发人员	17	131680.00	220977.00	185973.0000	26517.02794
湖南研发人员	17	93806.00	191125.00	130518.1176	28376.66373
广东研发人员	17	222100.00	735188.00	454426.7059	172013.01969
广西研发人员	17	45049.00	70700.00	58110.8824	8992.65547
海南研发人员	17	3587.00	13484.00	8614.4706	3169.71963
重庆研发人员	17	53359.00	111943.00	75461.4118	16020.27600
四川研发人员	17	125089.00	225000.00	177324.1176	28859.62131
贵州研发人员	17	19982.00	45222.00	33262.7059	6622.65746
云南研发人员	17	36876.00	74561.00	53873.0588	10760.49950
陕西研发人员	17	28666.00	155051.00	125443.6471	30874.00146
甘肃研发人员	17	29490.00	71000.00	49015.4118	14208.96728
青海研发人员	17	6675.00	13160.00	9084.8235	1837.11602
宁夏研发人员	17	10202.00	16533.00	12949.5882	2241.48023
新疆研发人员	17	20253.00	34197.00	26748.7647	3665.02891

注：由于2016年河北研发人员数据缺失，以2015年数据代替。

从均值看，江苏拥有的研发人员达到455899人，而最低的海南仅有8614人，拥有研发人员多的省、市主要集中在京津冀地区、长三角、珠三角，西部地区的贵州、青海、宁夏、新疆较低，各省、市、自治区的差异非常大。我国研发人员拥有数也呈现出东、中、西递减的发展格局。

2. 横向看

2016年，全国拥有研发人员5830741人。各省、市、自治区拥有研发人员差距大（图4-7）。

2016年，江苏作为经济和科技发展大省，拥有的研发人员达到761046人，占到全国比重的13.1%。拥有研发人员超过50万人的有3个省份，分别为江苏、广东、浙江，超过10万人的省、市有13个，分别为北京、天津、河北、辽宁、上海、安徽、山东、河南、湖北、湖南、重庆、四川、陕西。拥有研发人员低于1万人的只有青海1个，仅占全国比重的0.1%。

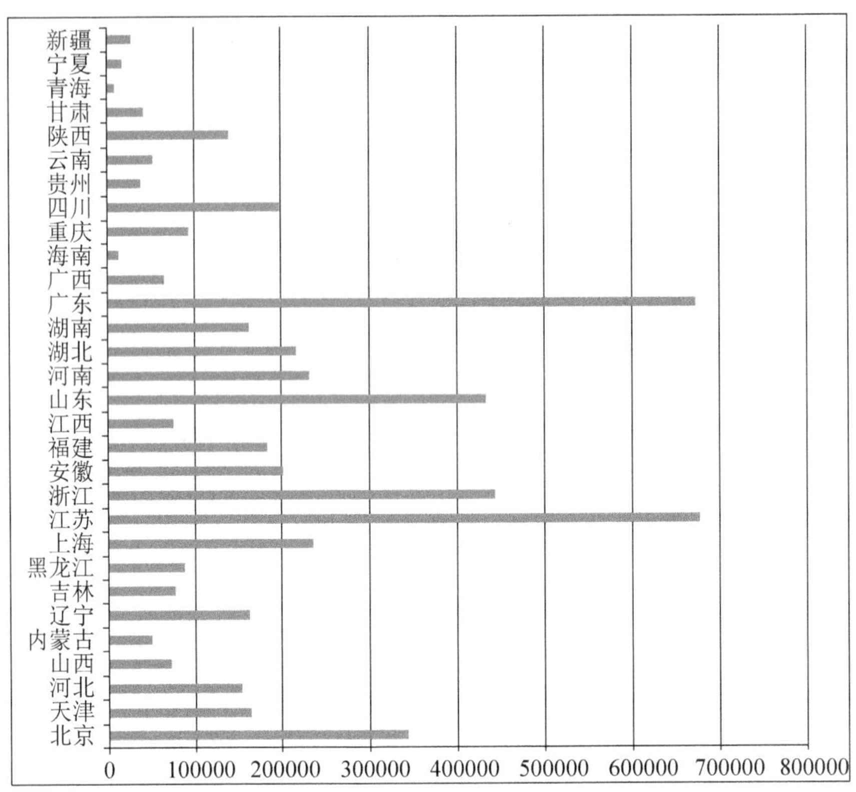

图 4-7　2016 年各省、市、自治区拥有研发人员数

（四）专利授权量

按照“十三五”国家科技创新规划的总体发展目标，我国提出到 2020 年国家综合创新能力世界排名要进入前 15 位。根据我国科学技术发展战略研究院官方发布的“2016—2017 国家创新数报告”，我国的国家创新指数在 40 个参与国中排名第 17 位，离目标不远。很多学者（Krammer，2009；赵彦云等，2011；侯鹏和刘思明，2013）采用专利申请授权量来度量区域创新能力。

1. 纵向看

从全国整体看，2000 年，全国专利授权量为 105345 项，到 2017 年增长到 1836434 项（图 4-8），约是 2000 年的 17.4 倍。具体到各省，2000 年至 2017 年间，各省、市、自治区的专利授权量也急剧增长（表 4-5）。

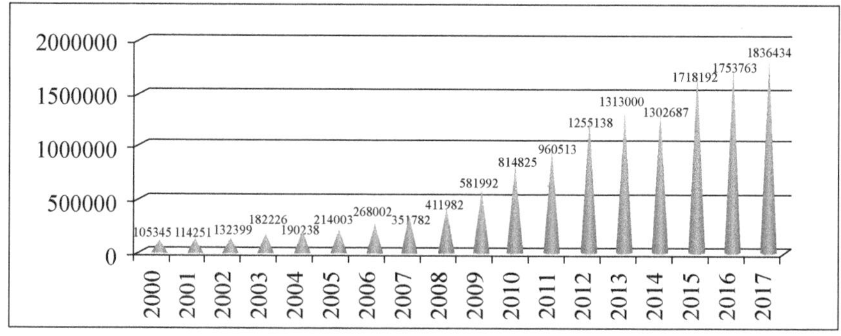

图 4-8　2000—2017 年全国专利授权量

表 4-5　30 省、市、自治区 2000—2017 年专利授权量描述统计

指标	N	最小值（项）	最大值（项）	平均数（项）	标准偏差
北京专利授权	18	5905.00	107000.00	37586.6667	35463.93105
天津专利授权	18	1611.00	41700.00	13984.4444	14116.68894
河北专利授权	18	2791.00	35348.00	11858.9444	10903.62385
山西专利授权	18	934.00	11311.00	4483.5000	3750.07087
内蒙古专利授权	18	679.00	6271.00	2375.3333	1922.25260
辽宁专利授权	18	4448.00	26495.00	13709.1667	8119.29503
吉林专利授权	18	1443.00	11090.00	4441.8889	3067.86139
黑龙江专利授权	18	1870.00	20261.00	9001.7778	7316.85745
上海专利授权	18	4050.00	70464.00	33256.1667	22211.28334
江苏专利授权	18	6158.00	269944.00	110782.1111	105039.94828
浙江专利授权	18	7495.00	234983.00	98641.7778	87436.71519
安徽专利授权	18	1278.00	68903.00	22406.7222	25014.15437
福建专利授权	18	3003.00	68304.00	22323.6667	22983.69732
江西专利授权	18	999.00	33029.00	8113.7222	10607.30907
山东专利授权	18	6725.00	100522.00	43491.5556	35534.51416
河南专利授权	18	2582.00	55407.00	18253.3333	17924.05648
湖北专利授权	18	2198.00	46369.00	16255.3889	15050.63230
湖南专利授权	18	2347.00	37916.00	14076.3333	12620.81103
广东专利授权	18	15799.00	332652.00	110256.3889	94895.12563

续表

指标	N	最小值(项)	最大值(项)	平均数(项)	标准偏差
广西专利授权	18	1054.00	15270.00	5038.8333	5037.39827
海南专利授权	18	199.00	2060.00	799.6111	659.70351
重庆专利授权	18	1158.00	42738.00	13881.0000	13874.09143
四川专利授权	18	3218.00	64953.00	25622.8889	23266.94868
贵州专利授权	18	615.00	14115.00	4372.3889	4595.64874
云南专利授权	18	1128.00	14530.00	4624.7222	4304.03877
陕西专利授权	18	1354.00	48455.00	12381.8333	14140.47662
甘肃专利授权	18	397.00	9672.00	2746.5000	2931.29342
青海专利授权	18	70.00	1580.00	447.8889	471.33913
宁夏专利授权	18	214.00	4243.00	976.4444	1057.18028
新疆专利授权	18	627.00	8761.00	2971.9444	2708.47377

从均值看，江苏的专利授权量最多达到110782项，其次是广东，专利授权量达到110256项，而最低的青海，专利授权量仅有448项，专利授权量大的省、市主要集中在京津冀地区、长三角、珠三角，西部地区的甘肃、青海、宁夏较低，各省、市、自治区的差异非常大。我国专利授权量也呈现出东、中、西递减的发展格局。

2. 横向看

2017年，全国专利授权量为1836434项。各省、市、自治区专利授权量差距大（图4-9）。

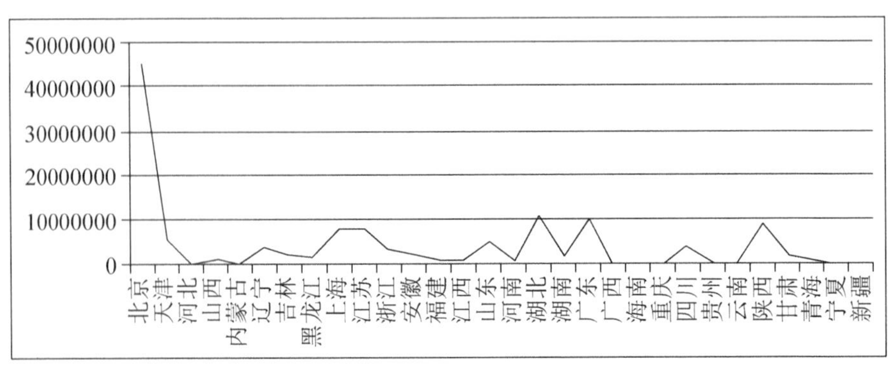

图4-9 2017年各省、市、自治区专利授权量

2017年，广东作为经济大省，专利授权量达到了332652项，占到全国比重的18.1%。专利授权量超过10万项的省、市有5个，分别为北京、江苏、浙江、山东、广东。专利授权量低于1万项的省、自治区有6个，分别为内蒙古、海南、甘肃、青海、宁夏、新疆，青海专利授权量最低，仅有1580项，仅占全国比重的0.09%。

第二节　组织层次研究设计

一、企业创新研究设计

（一）测量量表选择

1. 知识权力氛围量表开发

（1）知识权力氛围维度

权力是组织影响其他相关组织或组织内成员的动机与行为的能力（Emerson，1962），基本表现形式是奖赏、命令与惩罚（Frenchj and Raven，1959）。权一般指基于职责从个体外部得到的支配和指挥的力量；力一般指个体自身筋肉的效能，来自自身内在的力量。基于权、力、权力及知识权力的定义，马斯洛的需要层次理论和相关文献，我们将知识权力氛围基于工作—关系，分为以工作本身为主的奖赏权和以关系为主的支配权和影响力三类：一是组织成员因为工作而得到的工资、奖金、福利、晋升等外在激励的奖赏权；二是组织成员基于关系获得的人、财、物、信息资源使用等外在激励的配置权；三是组织成员因为同事尊重、领导赏识获得的社交、尊重等内在激励的影响力。

知识权力氛围为组织成员对知识在组织内享有的奖励、晋升、赏识、资源配置、工作影响等权力的知觉或感受。在三类知识权力分类的基础上，我们将知识权力氛围分为奖赏权、配置权、影响力三个维度。

（2）知识权力氛围量表开发

对一个构念开发新量表既是一个科学的流程，也是一门艺术，测量构念一般由以下六个相互交织的过程构成：定义测量、选择量表计分方式、初如题项确定、调整题项、修改测量量表、发布与使用测量量表（图4-10）。基于访谈、文献查阅、头脑风暴等方法，借鉴组织创新氛围量表的相关描述，并结合知识权力、组织成员的特征，开发的知识权力氛围量表包括 16 个题项。为了检验量表的信效度，本研究先进行初测，修订预测量表，再进行正式测试。

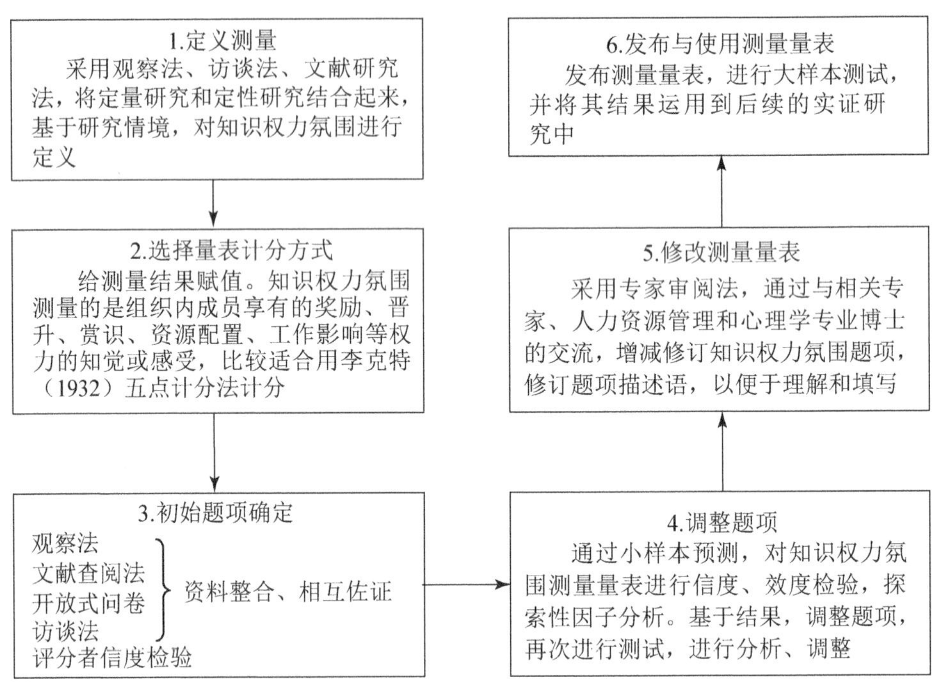

图 4-10 测量量表开发流程

（3）小样本预测知识权力氛围量表的修订

在正式调研之前对量表进行小样本预测，从而对量表题项进行提纯和完善，提升自行开发的知识权力氛围量表的信效度。为了增强知识权力氛围量表的科学性，本研究的预调研范围主要集中在高校和科研院所。共向高校和科研院所科技管理或科研管理部门员工、科技项目参与人发放问卷 100 份，收回有效的问卷 71 份，有效回收率为 71%。

信度在统计分析中反映了本研究的各个能够直接进行测量的观测变量与不能直接测量的知识权力氛围等潜变量二者之间的内部一致性程度。一般来说，量表的 Cronbach's alpha 系数应高于 0.7（Nulmally and Bemstein，1994）。检验题项时，主要看项已删除的 Cronbach's alpha 值和校正的项总计相关性两个指标，如果某一个特定条目去掉以后反而能使相应量表内部一致性有所提高或校正的项总计相关性低于 0.3，这个条目就应删除不予使用。效度分析用于评价多重指标的测量的构建效度，一般应分析效标效度、内容效度等。本研究使用的知识权力氛围初始量表是基于文献查阅、访谈、问卷和专家的意见而自行开发的，从多维度确保测量内容的有效性。

基于预测数据，本研究对知识权力氛围的预测量表进行信效度测试。先看 KMO 和 Barlett 球形检验结果（表 4-6）。

表 4-6 知识权力氛围初始量表 KMO 和 Barlett 球形检验

KMO 取样适当性度量		0.688
Bartlett 球形检验	近似卡方分布 自由度 显著性	396.901 120 0.000

从预测数据的分析结果看，知识权力氛围初始量表 KMO 值为 0.688，低于 0.7，表明知识权力氛围初始量表的效度有些偏低，量表的条目有些不恰当，需要对量表的条目进行修订。

通过信度检验，如表 4-7 所示，16 个条目 CITC 值有 5 个小于 0.3，如果此项删除的 alpha 值有 3 个大于 0.793，将符合二者的 A4、A12、A16 都删除会导致 Cronbach's alpha 系数增加，应该将其删除。

对剩下 13 个条目的知识权力氛围量表再进行信度分析，知识权力氛围量表整体的 Cronbach's alpha 系数提高到 0.869。删除 3 个条目后，再检验量表的效度。

知识权力氛围初始量表 KMO 值提高到 0.790。同时 Bartlett 球形检验，显著性水平 p=0.000，修改后的知识权力氛围初始量表数据适合进行探索性因子分析。

删除条目后的知识权力氛围初始量表探索性因素分析结果显示有三个特征值大于 1 的因子，可以解释总方差的 59.787%（表 4-8）。进一步分析，A7 的公因子方差仅有 0.350，解释力过低，删除。删除后，三个因子可以解释总方差的 62.668%，KMO 值提高到 0.793。

表 4-7　知识权力氛围初始量表删除条目后信度分析

条目	CITC	如果此项删除的 alpha 值	Cronbach's alpha
A1	0.494	0.774	0.793
A2	0.298	0.788	
A3	0.256	0.791	
A4	0.087	0.808	
A5	0.363	0.784	
A6	0.371	0.783	
A7	0.445	0.779	
A8	0.491	0.775	
A9	0.540	0.771	
A10	0.554	0.768	
A11	0.548	0.772	
A12	0.101	0.803	
A13	0.581	0.769	
A14	0.547	0.771	
A15	0.558	0.773	
A16	0.199	0.794	

表 4-8　删除条目后知识权力氛围量表方差数统计

因子	初始特征值			提取平方和载入			旋转平方和载入		
	特征值	方差的（%）	累加（%）	特征值	方差的（%）	累加（%）	特征值	方差的（%）	累加（%）
1	4.440	34.156	34.156	4.440	34.156	34.156	3.063	23.560	23.560
2	2.125	16.345	50.500	2.125	16.345	50.500	2.410	18.539	42.098
3	1.207	9.286	59.787	1.207	9.286	59.787	2.299	17.688	59.787

注：本表仅反映了特征值大于 1 的因子，提取方法为主成分分析法。

根据表 4-9 数据可以看出，知识权力氛围初始量表的初始特征值有三个大于 1，三个维度包括的条目分别为 4 个、5 个和 3 个，可以解释总方差的 62.668%。

再结合碎石图，说明知识权力氛围初始量表为三维量表，与本研究确定量表维度一致。12 个条目不需要再进一步删除，修订后的知识权力氛围初始量表适合本研究（图 4-11）。

表 4-9　删除条目后知识权力氛围量表因子分析

	因子		
	1	2	3
A1	0.249	0.796	0.064
A2	0.022	0.745	0.190
A3	−0.166	0.661	0.401
A5	0.134	0.739	−0.002
A6	0.774	−0.101	0.020
A8	0.666	0.154	0.105
A9	0.646	0.105	0.302
A10	0.754	0.105	0.187
A11	0.777	0.099	0.172
A13	0.424	0.103	0.693
A14	0.108	0.307	0.829
A15	0.237	0.060	0.808

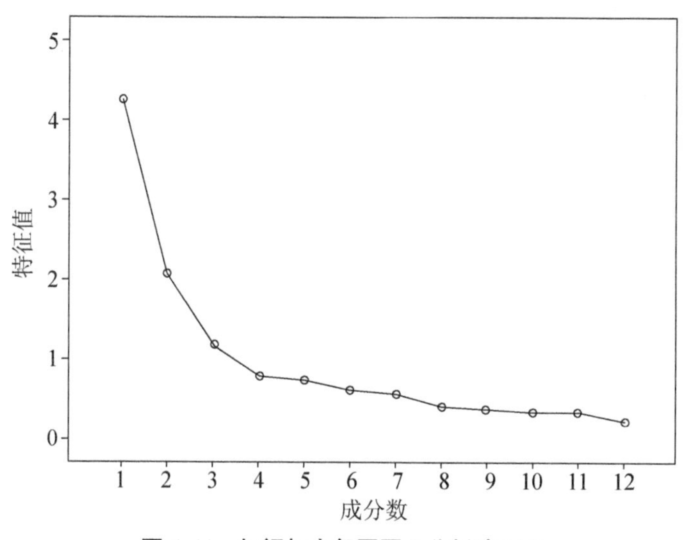

图 4-11　知识权力氛围因子分析碎石图

（4）修订后的知识权力氛围量表信效度分析

修订后的知识权力氛围量表 KMO 值为 0.793，三个因子可以解释总方差的 62.668%，量表具有良好的效度。基于理论基础和题项测量的内容，本研究将三个因子分别命名为奖赏权（4 个题项）、配置权（5 个题项）和影响力（3

个题项）。

从表 4-10 的数据可以看到，本研究知识权力氛围修订量表的 alpha 值得数是 0.826，表明知识权力氛围修订量表整体具有很好的信度。

表 4-10　知识权力氛围修订量表信度和内部一致性分析

<table>
<tr><th>条目</th><th>CITC</th><th>如果此项删除的 alpha 值</th><th colspan="2">Cronbach's alpha</th></tr>
<tr><td>A1</td><td>0.612</td><td>0.662</td><td rowspan="4">奖赏权：0.754</td><td rowspan="12">整体量表：0.826</td></tr>
<tr><td>A2</td><td>0.540</td><td>0.703</td></tr>
<tr><td>A3</td><td>0.535</td><td>0.707</td></tr>
<tr><td>A5</td><td>0.521</td><td>0.713</td></tr>
<tr><td>A6</td><td>0.575</td><td>0.769</td><td rowspan="5">配置权：0.803</td></tr>
<tr><td>A8</td><td>0.518</td><td>0.785</td></tr>
<tr><td>A9</td><td>0.583</td><td>0.766</td></tr>
<tr><td>A10</td><td>0.624</td><td>0.755</td></tr>
<tr><td>A11</td><td>0.653</td><td>0.748</td></tr>
<tr><td>A13</td><td>0.746</td><td>0.773</td><td rowspan="3">影响力：0.844</td></tr>
<tr><td>A14</td><td>0.607</td><td>0.833</td></tr>
<tr><td>A15</td><td>0.631</td><td>0.823</td></tr>
</table>

从此项删除的 alpha 值看，去掉每一个条款都会带来 Cronbach's alpha 系数的减小，说明了该量表现有的条款都应保留下来，不能删除。进一步对知识权力氛围修订量表三个维度做一致性分析，奖赏权维度整体的 Cronbach's alpha 系数为 0.754，配置权维度整体的 Cronbach's alpha 系数为 0.803，影响力维度整体的 Cronbach's alpha 系数为 0.844，表明知识权力氛围量表三个维度也具有良好的信度和内部的一致性。

（5）确定知识权力氛围正式量表

经过对知识权力氛围初始量表条目、维度的修订，信度、效度检验，最终确定出包括 12 个条目，奖赏权、配置权、影响力等三个维度的知识权力氛围正式量表（表 4-11）。

2. 知识共享量表

现有知识共享量表主要表现为一维量表（Connelly and Kelloway，2003；Lin and Lee，2004；Chowdhury，2005；宝贡敏和徐碧祥，2007），两维量表主要体现为知识贡献和知识接收维度（Weggeman，2000；Oldenkamp，

2001；Hooff and Ridder，2004），不太适合本项目。基于研究目的和社会交换理论，借鉴康奈利和凯洛威（2003）知识共享的定义，本研究将知识共享界定为组织成员为了特定目的与他人交换知识、经验、技能或帮助他人的行为，为5个题项的一维量表（表4-11）。

表4-11 组织层次量表选择

量表	维度	序号	题项
知识权力氛围	奖赏权	1	在我们企业，拥有越多知识的员工可以获取越多的工资
		2	在我们企业，拥有越多知识的员工可以获取越多的奖金
		3	在我们企业，拥有越多知识的员工可以获取越多的福利
		4	在我们企业，拥有越多知识的员工有更多的晋升机会
	配置权	5	在我们企业，拥有越多知识的员工有越多的时间创造新知识和新技术
		6	在我们企业，拥有越多知识的员工能支配越多的资金研发新技术、新产品
		7	在我们企业，拥有越多知识的员工能使用越多的设备研发新技术、新产品
		8	在我们企业，拥有越多知识的员工越能获得更多的信息研发新技术、新产品
		9	在我们企业，拥有越多知识的员工能调动越多的人
	影响力	10	在我们企业，拥有越多知识的员工越能影响周围同事的行为
		11	在我们企业，拥有越多知识的员工越能影响企业的发展
		12	在我们企业，拥有越多知识的员工越能获得领导的赏识
知识共享	一维	1	在我们企业，同事间愿意相互分享各自通过培训获得的新知识、新技能
		2	在我们企业，同事间愿意相互分享各自获得的信息
		3	在我们企业，同事间愿意相互分享各自过去经历中的知识、技能和经验
		4	在我们企业，同事间经常交流新观点、新看法
		5	在我们企业，同事间经常相互询问某方面专长、技能
创新绩效	一维	1	与同行相比，我们企业能够迅速运用新方法解决问题
		2	与同行相比，我们企业新产品开发速率较快
		3	与同行相比，我们企业新产品开发成本较低
		4	与同行相比，我们企业创新项目成功率较高
		5	与同行相比，我们企业专利申请数量较多
		6	与同行相比，我们企业会依据客户要求改变服务项目
		7	与同行相比，我们企业积极采取可以改善绩效的新政策

3. 创新绩效量表

创新绩效是组织从新创意、新想法的产生到新产品的创造过程中取得的所有成绩。借鉴奥尔德姆和卡明斯（Oldham and Cummings，2007）、陈劲和陈钰芬（2006）、谢锦亚（2018）、赵伟勤（2018）的量表，并结合本研究目的和组织成员特征，确定了开发新产品或服务的速率、成本、成功率、新政策等7个题项的一维创新绩效测量量表（表4-11）。

（二）数据来源

本部分是基于组织层次的研究，但问卷填写数据来源于个体，本研究正式测试时，选择金融机构、高校、科研院所、企业等80个组织，对这些组织的主管科技或研发的高管、科技管理和研发部门领导及员工、科技和研发项目参与人，每个组织5～7人，发放问卷共520份，回收问卷464份，剔除无效问卷和收集问卷少于5份的组织，剩下67个组织的368份有效问卷。首先对每个组织的知识权力氛围、知识共享和创新绩效计算出平均值，然后以67个组织为样本，进行实证检验。

二、高校创新创业教育研究设计

（一）高校创新创业教育影响职业发展研究设计

1. 量表选择

因目前还未形成测试高校创新创业教育的成熟量表，本研究主要根据周文霞、吕翠等人关于大学生在校经历的总结研究和调查结果，开发了高校创新创业教育经历测量量表，在非结构化访谈、专家评审和预测试的基础上，设计了包括专业学习经历和创新创业学习经历两个维度的共14个题项的测量量表，然后经小样本预测试，检查其信度和效度，最终形成正式量表（表4-12）。职业发展量表在张晓宁和顾颖（2010）等人关于工作满意度量表的基础上修订，形成了10个题项的两维量表（表4-12）。

2. 数据来源

为了有效验证高校创新创业教育对职业发展的影响，选取的调查对象包括已找到工作即将毕业的大学生和已毕业且工作年限在5年以内的大学毕业生，将工作年限作为控制变量，是为了较准确测试高校创新创业教育对职业发展满意度的影响，削弱其他因素对大学生职业发展的影响。问卷包括人口学题项10个，高校创新创业教育经历题项16个，职业发展题项10个。运用问卷星，通过网络调查法，收回问卷267份，剔除不符合要求的调查对象填写的问卷70份，超过一半题项全选、明显有逻辑错误的问卷22份，共收回有效问卷175份，问卷有效率为65.5%。

表4-12　创新创业教育与职业发展量表

量表	维度	序号	题项
创新创业教育经历	专业学习经历	1	我在校期间认真学习，取得良好的学习成绩
		2	我在校期间广泛阅读，拓展了自己的知识面
		3	我在校期间考取了相关的专业资格证书
		4	我在校期间通过参加专业实习增加工作能力
		5	我在校期间与外部人员经常联系
		6	我在校期间通过兼职锻炼自己
	创新创业学习经历	7	政府加大了创新创业教育投入力度
		8	学校加大了创新创业教育投入
		9	学校课堂教学中融入了一定的实践教学内容
		10	学校宣传过创新创业理念
		11	课程内容涉及一定的创新创业教育内容
		12	学校出台过创新创业教育相关的制度
		13	学校举办过创新创业大赛
		14	在校期间老师培养和提升学生的创新创业能力
职业发展	职业满意度	1	我对当前工作很满意
		2	我对当前工作稳定性很满意
		3	我对所在企业工作环境很满意
		4	我对所在企业工作报酬很满意
	职业创新度	5	我善于寻求解决问题的新主意和方法
		6	针对创新方案，我能制订具体实施计划
		7	我会寻求资源推动新想法的实现
		8	我会与他人沟通寻求创新创业机会
		9	工作中我会尝试新挑战和新技术
		10	总体来看，我具有创新创业意识

从表 4-13 可以看出，调研对象中男性 92 人，女性 83 人；专科学历 55 人，本科学历 105 人，本专科占到了 91.4%；月薪 5000 元以下 128 人，占到了 73.1%。从专业看，专业管理学类 81 人、工学类 28 人、经济学类 23 人（图 4-12），三者占到了 75.4%。本研究所选取样本的相关特征基本符合人口统计学特征，具有一定的代表性。

表 4-13　调研对象基本信息　（N=175）

基本资料	类型	样本量	百分比（%）
性别	男	92	52.6
	女	83	47.4
年龄	20 岁以下	1	0.6
	20 ~ 24 岁	107	61.1
	25 ~ 28 岁	54	30.9
	29 岁及以上	13	7.4
月薪	3000 元及以下	35	20
	3001 ~ 5000 元	93	53.1
	5001 ~ 6500 元	28	16
	6500 元以上	19	10.9
学历	大专	55	31.4
	本科	105	60.0
	硕士	13	7.4
	博士	2	1.2
毕业年限	即将毕业	45	25.7
	毕业 1 年	63	36.0
	毕业 1 年以上到 3 年	48	27.4
	毕业 3 年及以上	19	10.9
工作城市	一线城市	37	21.1
	二线城市	44	25.1
	三线城市	61	34.9
	四线城市	17	9.7
	其他	16	9.1
企业性质	政府部门或事业企业	33	18.9
	国有或国有控股企业	43	24.6
	民营、外资、合资企业	76	43.4
	个体工商户及其他	23	13.1

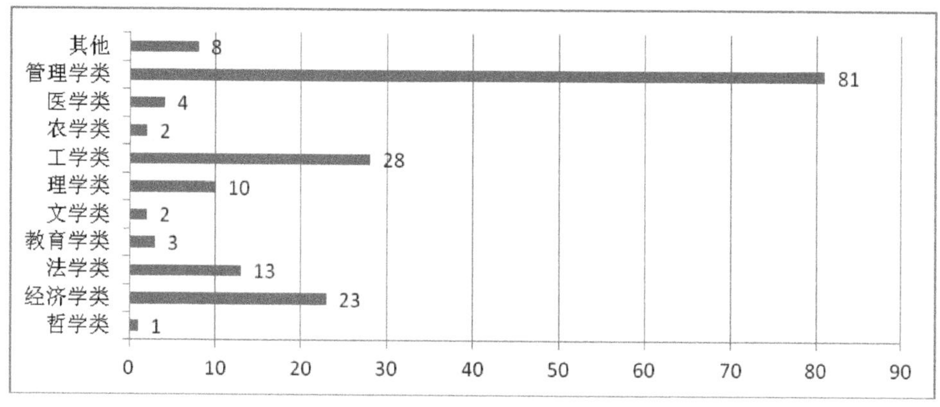

图 4-12 调研对象专业类别

（二）高校创新创业教育绩效评价研究设计

本部分主要考察创新创业教育绩效。基于 IPO 视角，从政府、学校、社会和企业多方进行。既可以用相对客观的二手数据作为评价指标，也可以从创新创业教育对象主观感知的创新创业教育透出、过程和产出如何采用相对主观的量表方式测量。本研究最终的目的是分析如何提高创新创业教育绩效，提升大学生的创新创业能力，服务于未来职业发展。所以在测量时，基于在校大学生视角来测量目前我国高校创新创业教育绩效究竟如何。根据问卷设计原则及要求，初期通过文献研究梳理了大学生创新创业教育绩效测量的题项，并结合非结构化访谈设计了预测试问卷，又经过专家评审，修改了部分题项，然后经小样本预测试，检查其信度和效度，最终形成正式问卷。

1. 量表选择

因目前还未形成测试高校创新创业教育绩效的成熟量表，本研究主要根据查阅文献和对高校教师、在校大学生访谈，基于创新创业教育投入、过程和结果的思路在非结构化访谈、专家评审和预测试的基础上，开发了测量高校创新创业教育绩效的教育投入感知、教育过程、教育绩效三个量表，其中教育投入感知为 5 个题项的一维量表，教育过程为 12 个题项的两维量表、教育绩效为 16 个题项的两维量表（表 4-14）。

表 4-14 创新创业教育绩效量表

量表	维度	序号	题项
教育投入感知	一维	1	学校持续地增加创新创业教育投入
		2	社会各界给大学生创新创业提供了更多的资源
		3	政府加大了创新创业教育投入力度
		4	企业给予大学生更多的创新创业实践机会
		5	我花了更多的时间和精力在创新创业方面
教育过程	学校教育	1	学校课堂教学中融入了创新创业实践教学内容
		2	学校课程内容涉及一定的创新创业教育内容
		3	学校出台过创新创业教育相关的制度
		4	学校举办过创新创业相关的比赛
		5	学校进行过创新创业辅导和政策讲解
	校外教育	6	我经常在媒体上看到关于创新创业的报道
		7	社会对大学生创新创业更加理解和支持
		8	国家出台了许多政策鼓励大学生创新创业
		9	高等教育改革明确了创新创业导向
		10	企业给予了大学生更多的创新创业实践平台
		11	经常听到创新创业成功人士的演讲
		12	社会上关于创新创业能力的培训越来越多
教育绩效	内隐绩效	1	我善于寻求解决问题的新主意和方法
		2	针对创新方案，我能制订具体实施计划
		3	我会寻求资源推动新想法的实现
		4	我会与他人沟通寻求创新创业机会
		5	我认识到创新型人才需求的迫切
		6	学习中我会尝试新挑战和新方法
		7	总体来看，我具有创新创业意识
		8	我擅长组织各类活动
		9	我善于与他人打交道
		10	我擅长在复杂的环境中发现问题
		11	我擅长在压力下快速解决问题
	外显绩效	12	我在学校设计过活动方案
		13	我的专业知识学得比较好

续表

量表	维度	序号	题项
教育绩效	外显绩效	14	我在学校参加过创新创业相关的比赛
		15	我在学校撰写过创新创业相关的论文
		16	我在学校参与过创新创业相关的实践活动

2. 数据来源

为了有效测量创新创业教育绩效，选取的调研对象包括在读的本科生和研究生。问卷包括基本信息题项 11 个，高校创新创业教育环境与政策题项 12 个，创新创业教育绩效测量题项 33 个。调研采用网络调查法，根据控制变量要求，逐一向符合要求的调研对象发放问卷，剔除超过一半题项未选、明显有逻辑错误的问卷后，共收回有效问卷 348 份。

从表 4-15 可以看出，调研对象中男生 145 名，占 41.7%；从年级看，大一、大二、大三、大四和研究生分别为 121、43、31、57、96 人；从性格看，比较保守和比较冒险的同学共 135 人，占比 38.8%，61.2% 的同学居于二者之间；从学生家居住地看，大中城市、县城和农村基本各占 1/3；学生所在学校，甘肃政法学院为 113 人，占比 32.5%，其他 235 人来自全国各地的高校，样本具有一定的代表性；从专业看，管理学类 71 人、工学类 78 人、法学类 59 人，三者占到了 60%（图 4-13）。课题组所选取样本的相关特征基本符合人口统计学特征，具有一定的代表性。

表 4-15 调研对象基本信息 （N=348）

基本资料	类型	样本量	百分比（%）
性别	男	145	41.7
	女	203	58.3
年级	大一	121	34.8
	大二	43	12.4
	大三	31	8.9
	大四	57	16.4
	研究生	96	27.6

续表

基本资料	类型	样本量	百分比（%）
专业	经济学类	31	8.9
	管理学类	71	20.4
	法学类	59	17.0
	文学类	9	2.6
	工学类	78	22.4
	理学类	38	10.9
	其他	62	17.8
学校	甘肃政法学院	113	32.5
	其他	235	67.5
家居住地	大城市	23	6.6
	中等城市	101	29.0
	县城	98	28.2
	农村	126	36.2
性格	比较保守	70	20.1
	一般	213	61.2
	比较冒险	65	18.7

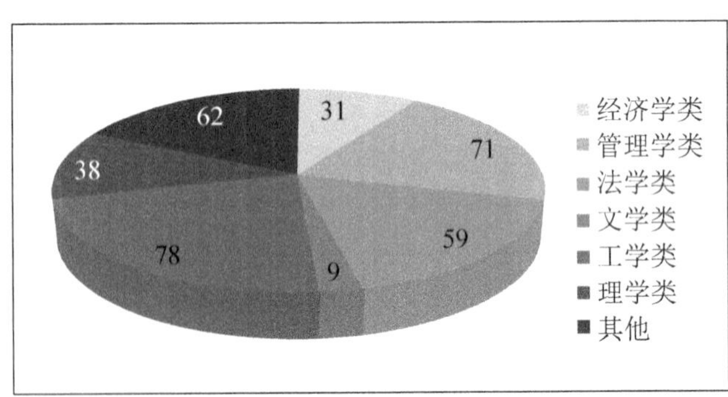

图 4-13 调研对象专业

第三节　个体层次研究设计

一、量表选择

在整合成熟量表的同时，借鉴凌文辁、杨海军、方俐洛和谭道伦等学者的研究，将组织支持感确定为12个题项的两维量表，6个题项测量情感支持，6个题项对工具支持进行测量。组织认同选择梅尔和阿什福思等人开发的一维量表。创新行为量表使用张文勤、石金涛修订斯科特等人开发的一维量表。借鉴伍德曼开发、李娟修订的结果期望的概念以及维度，并对量表反复修订，最后形成了共包含9个题项的结果期望量表，其中绩效提升维度下有4个题项，人际关系提升维度下有5个题项（表4-16）。

表4-16　个体层次量表选择

量表	维度	序号	题项
组织支持感	情感支持	1	企业关心我的长远发展
		2	企业关心我的个人感受
		3	企业原谅我的无心之过
		4	在工作中遇到困难时，企业会帮助我
		5	在生活中遇到困难时，企业会帮助我
		6	企业尊重我的个人价值
	工具支持	7	企业重视我的贡献
		8	企业关心我的福利
		9	企业接受我提出的工作建议
		10	企业为我提供良好的工作环境和条件设施
		11	企业为我提供工作所需的人员和资讯支持
		12	企业为我提供工作所需的培训或相关支持
组织认同	一维	1	我很想了解别人如何评价我所在的企业
		2	我所在企业的成功就是我的成功
		3	当听到别人批评我所在的企业时，我感觉就像是在批评我自己
		4	当谈起我所在的企业时，我经常说“我们”
		5	当发现新闻媒体批评我所在的企业时，我会感到尴尬
		6	当听到别人称赞我所在的企业时，我感觉就像是在称赞我一样

续表

量表	维度	序号	题项
创新行为	一维	1	我善于寻求解决问题的新主意和方法
		2	针对创新方案，我能制订具体实施计划
		3	我会寻求资源推动新想法的实现
		4	我会与他人沟通寻求创新机会
		5	工作中我会尝试新挑战和新技术
		6	总体来看，我具有创新意识
结果期望	绩效提升	1	越富有创新精神，我的工作绩效会越高
		2	提出创造性的想法可以帮助我更好地完成工作
		3	工作中进行越多的创新，我就可以获得越多的绩效
		4	如果经常提出新方法，我所在企业会有更高的绩效
	人际关系提升	5	获得越多的创新资源，我在组织中就会获得更多人的尊重
		6	探寻新的技术或方法将使我看起来更受欢迎
		7	参与到新想法的实施中去，将提升我在组织中的印象
		8	我提出达成目标的新方式，将有助于提高主管对我的评价
		9	经常参与创新构想的实施，我的同事们将更愿意与我相处

二、数据来源

研究正式施测对象为甘肃省兰州、平凉等地区的高校和研究机构科研人员、企业研发人员，将组织成员确定为学历在大专及以上。通过现场收集和电子邮件方式发放600份问卷，回收有效问卷512份（表4-17）。

表4-17 调研对象基本信息 （N=512）

基本资料	类型	样本量	百分比（%）
性别	男	238	46.5
	女	274	53.5
年龄	25岁及以下	149	29.1
	26～30岁	241	47.1
	30岁以上	122	23.8

续表

基本资料	类型	样本量	百分比（%）
工作年限	1 年及以下	151	29.5
	1 ～ 3 年	176	34.4
	3 ～ 5 年	83	16.2
	5 ～ 10 年	59	11.5
	10 年以上	43	8.4
学历	大专	149	29.1
	本科	289	56.4
	硕士及以上	74	14.5
职位	基层员工	372	72.7
	中高层管理人员	140	27.3

从表 4-17 可以看出，调研对象的年龄在 30 岁以下的占到 76%，员工年龄普遍较小；接受测试的女性员工比例稍微高于男性；从学历看，主要研究样本为本科，占总样本 56.4%；职位基本上处于基层，占到 72.7%，这个结果与本研究调研时选择的行业和企业性质（保险公司、事务所、银行、IT 企业等）有很大关系。本研究所选取样本的相关特征基本符合人口统计学特征，具有一定的代表性。

第五章

实证检验

第一节　区域创新能力提升模型的实证检验

一、时间序列分析

为了了解2000年以来各省、市、自治区时间序列上创新能力与教育投资、研发投资、研发人员（知识吸收能力）、技术市场成交额（知识流动）的动态变化，依据30省、市、自治区2000—2015年的教育投资、研发投资、研发人员（知识吸收能力）、技术市场成交额（知识流动）数据和2002—2017年的专利授权量数据，纵向计算出2000—2015年每年教育投资、研发投资、研发人员（知识吸收能力）、技术市场成交额（知识流动）与2002—2017年的专利授权量Pearson相关系数（表5-1）。

表5-1　30省、市、自治区创新能力与教育投资、研发投资、研发人员（知识吸收能力）、技术市场成交额（知识流动）间的相关系数

Pearson相关	2002	2003	2004	2005	2006	2007	2008	2009
教育投资	0.828	0.826	0.857	0.875	0.869	0.877	0.869	0.840
研发投资	0.689	0.745	0.730	0.726	0.713	0.747	0.800	0.813
研发人员（知识吸收能力）	0.677	0.682	0.737	0.739	0.783	0.810	0.852	0.852
技术市场成交额（知识流动）	0.490	0.513	0.490	0.493	0.334	0.392	0.265	0.223
Pearson相关	2010	2011	2012	2013	2014	2015	2016	2017
教育投资	0.813	0.777	0.777	0.759	0.727	0.775	0.804	0.824
研发投资	0.847	0.830	0.801	0.829	0.866	0.871	0.887	0.891
研发人员（知识吸收能力）	0.898	0.900	0.880	0.899	0.933	0.947	0.955	0.949
技术市场成交额（知识流动）	0.238	0.185	0.206	0.239	0.272	0.290	0.278	0.303

整体看，教育投资和研发投资与区域创新能力相关度比较高，相关系数均在 0.8 左右。教育投资与区域创新能力相关系数在 2011—2015 年间略有下降，从 2016 年开始又有所回升。研发投资与区域创新能力的相关系数从 2002 年的 0.689 上升到 2017 年的 0.824，基本呈增长趋势。区域的研发人员数量（知识吸收能力）与区域创新能力的相关系数从 2002 年的 0.677 上升到 2017 年的 0.949，2014 年以来，均超过 0.9，呈增长趋势。相对而言，以技术市场成交额为基础的知识流动与区域创新能力的相关系数不高，徘徊在 0.3 左右。当然，30 省、市、自治区的具体情况、自然资源等创新能力影响因素差异非常大，各省、市、自治区在提升创新能力时不能一刀切，应根据区域的具体情况，采取差异化策略。

二、面板数据分析

相关性只能判断变量之间是否存在密切关系，但不能对变量中自变量和因变量的因果关系进行判断，需进一步对变量进行回归分析。本研究运用 STATA 软件进行回归分析来验证假设。

为检验各变量之间的关系，探索研发投资、教育投资、技术市场成交额对专利授权量的影响，运用 Stata15 对 30 个省、市、自治区的面板数据基于固定效应模型进行回归分析。回归分析中整体可决系数 R^2 为 0.9138，本研究构建的理论模型拟合优度相对较高。表 5-2 为各变量的回归分析结果。

表 5-2　回归分析

LnY_{i+2}	Coef	Std. Err.	t	p>|t|
lnK_i	0.1265952	0.019209	6.59	0.000
lnA_i	0.1113845	0.0540077	2.06	0.040
lnG_i	0.623499	0.0678668	9.19	0.000
lnR_i	0.2890629	0.0636642	4.54	0.000
_cons	1.544308	0.6339239	2.44	0.015

注：lnY_{i+2} 为因变量，指专利授权量的对数值，代表第 i+2 年的区域创新能力；lnG_i、lnR_i、lnA_i、lnK_i 为自变量，分别代表第 i 年的教育投资、研发投资、研发人员（知识吸收能力）、技术市场成交额（知识流动）的对数值。

由于面板数据的固定效应不能估计常数项，所以 Stata 结果也没报告常数项。基于前面构建的计量模型，根据回归结果，回归方程为

$$\ln Y_{i+2}=0.623499\ln G_i+0.2890629\ln R_i+0.1265952\ln K_i+0.1113845\ln A_i+\varepsilon_i$$

回归结果显示，教育投资的系数为0.623499，误差值为0.0678668，t值为9.19，p值为0.000，在5%的水平上显著为正，表明教育投资越多，越有利于区域创新能力的提升。假设H1a：创新人力资本投资中的教育投资正向影响区域创新能力得到了验证，假设成立。

研发投资的系数为0.2890629，误差值为0.0636642，t值为4.54，p值为0.000，在5%的水平上显著为正，表明研发投资越多，越有利于区域创新能力的提升。假设H1b：创新人力资本投资中的研发投资正向影响区域创新能力得到了验证，假设成立。

研发人员的系数为0.1113845，误差值为0.0540077，t值为2.06，p值为0.040，在5%的水平上显著为正，表明研发人员越多，越有利于区域创新能力的提升。假设H3：知识吸收能力正向影响区域创新能力得到了验证，假设成立。

技术市场成交额的系数为0.1265952，误差值为0.019209，t值为6.59，p值为0.000，在5%的水平上显著为正，表明技术市场成交额越高，越有利于区域创新能力的提升。假设H2：知识流动正向影响区域创新能力得到了验证，假设成立。

相比较而言，教育支出对区域创新能力提升影响更大，其次是研发投资，然后是技术市场成交额和研发人员。

第二节　组织层次创新模型的实证检验

一、企业创新绩效作用模型检验

（一）变量描述性统计分析

本部分是基于组织层次的研究，但问卷填写数据来源于个体，剔除无效问卷和收集问卷少于5份的组织，剩下67个组织的368份有效问卷，将67个组织的数据聚合，样本量相对较少。知识权力氛围、知识共享和创新绩效量表均为正向题，条目所获取的分值越大，则反映了参与研究的个体对所选择条目的同意程度就越高。知识权力氛围、知识共享和创新绩效等变量的基本描述性统计数据如表 5-3 所示。

表 5-3　大样本测试组织层面变量描述性统计数据

	N	极小值	极大值	均值	标准差	偏度		峰度	
	统计量	统计量	统计量	统计量	统计量	统计量	标准误	统计量	标准误
A1	67	2.20	4.67	3.4340	0.53719	-0.112	0.293	-0.268	0.578
A2	67	2.20	4.83	3.6690	0.60005	-0.217	0.293	-0.619	0.578
A3	67	2.60	4.86	3.9518	0.50483	-0.838	0.293	0.618	0.578
A4	67	2.40	4.83	3.7210	0.57472	-0.420	0.293	-0.261	0.578
A5	67	3.00	5.00	4.1025	0.50640	-0.429	0.293	-0.486	0.578
A6	67	1.80	4.60	3.6551	0.59022	-0.777	0.293	0.902	0.578
A7	67	2.00	4.83	3.6636	0.58698	-0.440	0.293	0.401	0.578
A8	67	1.80	5.00	3.5188	0.62332	0.134	0.293	0.128	0.578
A9	67	2.40	4.80	4.0085	0.47643	-0.883	0.293	1.083	0.578
A10	67	2.00	4.80	3.7621	0.56905	-0.691	0.293	0.599	0.578
A11	67	2.40	5.00	3.7251	0.46811	-0.525	0.293	1.243	0.578
A12	67	2.20	4.60	3.4882	0.53155	-0.223	0.293	-0.345	0.578
B1	67	2.20	5.00	3.6570	0.58604	-0.275	0.293	-0.422	0.578
B2	67	2.20	5.00	3.8048	0.62054	-0.658	0.293	-0.085	0.578
B3	67	2.00	5.00	4.0463	0.56503	-1.191	0.293	1.926	0.578
B4	67	2.00	4.80	3.8661	0.57596	-0.907	0.293	0.939	0.578
B5	67	2.40	5.00	3.8672	0.53876	-0.371	0.293	0.249	0.578
C1	67	2.00	4.60	3.4246	0.52185	-0.426	0.293	0.380	0.578
C2	67	1.80	4.60	3.3372	0.57879	-0.263	0.293	0.058	0.578
C3	67	1.80	4.80	3.5633	0.59241	-0.334	0.293	0.213	0.578
C4	67	1.80	4.20	3.0406	0.50389	0.154	0.293	0.202	0.578
C5	67	1.80	6.40	3.0167	0.66691	2.038	0.293	90.089	0.578
C6	67	1.80	4.80	2.9413	0.59873	0.613	0.293	1.076	0.578
C7	67	2.00	4.40	3.6043	0.55120	-0.774	0.293	0.385	0.578

基于表 5-3 的数据可以看出，知识权力氛围、知识共享和创新绩效等量表的每一个问题所得到的分数的平均值都在 3 ～ 5 之间，反映了本研究的研究对

象对知识权力氛围、知识共享和创新绩效等态度均在不确定（3）到完全同意（5）之间。每个条目的偏度值体现了知识权力氛围、知识共享和创新绩效量表每个条目所获取的分数与每个条目所得到的平均值二者之间的关系。峰度值反映了条目得分的差异状况，如果知识权力氛围、知识共享和创新绩效等量表条目的峰度值得数为正，反映了该条目所取得的分数比较散，该条目所取得的分数的最大值至最小值之间的差距很大；如果该条目所取得的分数小于零，则反映出该条目所取得到的分数值属于比较平坦的分布。样本偏度、峰度的绝对值小于 3 和 10 时，样本服从正态分布（Kline，1998）。本研究中知识权力氛围、知识共享和创新绩效等量表条目偏度的最大绝对值为 2.038，峰度绝对值最大为 9.089，且二者得分绝对值多数在 0 ～ 2 之间，条目得分分布符合正态分布，其统计特征符合样本本身的特征。从表 5-3 所示的各变量描述性统计表可以看出，观测变量得分符合正态分布，可以使用极大似然估计进行参数估计。

（二）量表的信度和效度检验

1. 信度检验

运用 SPSS 22 对调查使用的知识权力氛围、知识共享等量表进行信度分析（表 5-4），知识权力氛围等总量表或各维度均具有比较好的一致性。

表 5-4　量表信度

量表名称	总量表、维度	题项数	Cronbach's alpha 系数
知识权力氛围	总量表	12	0.819
	奖赏权	4	0.688
	配置权	5	0.715
	影响力	3	0.909
知识共享	总量表	5	0.885
创新绩效	总量表	7	0.863

2. 效度检验

在分析知识权力氛围等量表的效度前，先进行 Bartlett 的球形检验及 KMO 检验（表 5-5）。

表 5-5　知识权力氛围量表 KMO 和 Barlett 球形检验

KMO 取样适当性度量		0.771
Bartlett 球形检验	近似卡方分布 自由度 显著性	336.041 66 0.000

（1）知识权力氛围量表效度

从大规模数据的分析结果看，知识权力氛围量表 KMO 值为 0.771，高于 0.7。同时 Bartlett 球形检验，显著性水平 p=0.000，知识权力氛围量表数据适合进行探索性因子分析。

知识权力氛围量表探索性因素分析结果显示有三个特征值大于 1 的因子，可以解释总方差的 66.068%（表 5-6）。

表 5-6　知识权力氛围量表方差数统计

因子	初始特征值			提取平方和载入			旋转平方和载入		
	特征值	方差的（%）	累加（%）	特征值	方差的（%）	累加（%）	特征值	方差的（%）	累加（%）
1	4.288	35.737	35.737	4.288	35.737	35.737	4.288	35.737	35.737
2	2.020	16.832	52.569	2.020	16.832	52.569	2.020	16.832	52.569
3	1.620	13.499	66.068	1.620	13.499	66.068	1.620	13.499	66.068

注：本表仅反映了特征值大于 1 的因子，提取方法为主成分分析法。

根据表 5-7 的数据可以看出，知识权力氛围量表的初始特征值有三个大于 1，三个维度包括的条目分别为 4 个、5 个和 3 个，可以解释总方差的 66.068%，与本研究理论上确定量表维度一致。

表 5-7　知识权力氛围量表因子分析

	因子		
	1	2	3
A1	0.354	0.677	−0.125
A2	0.360	0.622	−0.271
A3	−0.053	0.740	0.105
A4	0.078	0.685	0.341
A5	0.681	0.477	−0.089

续表

	因子		
	1	2	3
A6	0.819	0.250	0.149
A7	0.787	0.255	0.192
A8	0.833	−0.019	0.037
A9	0.808	−0.043	0.157
A10	0.212	0.032	0.862
A11	0.160	−0.203	0.791
A12	−0.036	0.336	0.660

（2）知识共享量表效度

从大规模数据的分析结果看（表 5-8），知识共享量表 KMO 值为 0.831，高于 0.7。同时 Bartlett 球形检验，显著性水平 p=0.000，知识共享量表数据适合进行探索性因子分析。知识共享量表探索性因素分析结果显示有一个特征值大于 1 的因子，可以解释总方差的 69.090%，与本研究理论上确定量表维度一致。

表 5-8　知识共享量表 KMO 和 Barlett 球形检验

KMO 取样适当性度量		0.831
Bartlett 球形检验	近似卡方分布 自由度 显著性	188.890 10 0.000

（3）创新绩效量表效度

从大规模数据的分析结果看（表 5-9），企业创新绩效量表 KMO 值为 0.839，高于 0.7。同时 Bartlett 球形检验，显著性水平 p=0.000，创新绩效量表数据适合进行探索性因子分析。创新绩效量表探索性因素分析结果显示有一个特征值大于 1 的因子，可以解释总方差的 56.215%，与本研究理论上确定量表维度一致。

表 5-9　创新绩效量表 KMO 和 Barlett 球形检验

KMO 取样适当性度量		0.839
Bartlett 球形检验	近似卡方分布 自由度 显著性	223.431 21 0.000

（三）相关性分析

将通过计算 Pearson 系数来检测各变量之间是否具有关联度，为接下来的进一步实证回归分析埋下扎实的根基。

由表 5-10 可知，知识权力氛围的奖赏权、配置权、影响力与知识共享正相关，配置权、影响力与创新绩效正相关，奖赏权与创新绩效负相关，知识共享与创新绩效正相关。以上检验初步证实本研究所设立假设变量具有一定的合理性，同时也为细化下节假设路径做出初步的铺垫。

表 5-10　相关性分析

	奖赏权	配置权	影响力	知识共享	创新绩效	
奖赏权	1	0.452**	0.123	0.224	-0.166	
配置权		1	0.251*	0.611**	0.400**	
影响力			1	0.430**	0.378**	
知识共享				1	0.513**	
创新绩效					1	

注：** 代表 在 0.01 水平（双侧）上显著相关，* 代表在 0.05 水平（双侧）上显著相关。

（四）假设检验

对知识共享中介效应检验流程：① 将因变量对自变量奖赏权、配置权、影响力（知识权力氛围的三个维度）进行线性回归，看奖赏权、配置权、影响力的回归系数是否显著；② 将中介变量知识共享对自变量奖赏权、配置权、影响力进行回归，看奖赏权、配置权、影响力的回归系数是否显著；③ 将因变量创新绩效对中介变量知识共享进行回归，看知识共享的回归系数是否显著；④ 将因变量创新绩效对自变量奖赏权、配置权、影响力、中介变量知识共享进行回归，看中介变量知识共享的回归系数是否显著，如果显著，说明中介效应显著，如果奖赏权、配置权、影响力的回归系数仍然显著，是部分中介，如果奖赏权、配置权、影响力的回归系数不显著，则是完全中介。

1. 知识权力氛围对创新绩效的直接影响

由于知识权力氛围有三个维度，且三个维度对创新绩效影响的方向不同，因此，运用知识权力氛围的奖赏权、配置权、影响力三个维度进行回归分析（表 5-11）。

表 5-11　知识权力氛围各维度与创新绩效回归模型

模型		标准系数	t	Sig.
1	（常量）		3.921	0.000
	奖赏权	-0.044	-4.006	0.000
	配置权	0.523	4.649	0.000
	影响力	0.301	2.979	0.004

模型 1 以创新绩效为因变量，奖赏权、配置权、影响力与创新绩效的 βeta 分别为-0.440、0.523、0.301，模型的 R^2=0.396，均达到非常显著的水平（$p<0.01$），验证了假设 H1a、H1b 和 H1c。

2. 知识权力氛围对创新绩效的间接影响：知识共享的中介效应

（1）知识权力氛围对知识共享的影响

运用知识权力氛围的奖赏权、配置权、影响力三个维度对知识共享进行回归分析（表 5-12）。

表 5-12　知识权力氛围各维度与知识共享回归模型

模型		标准系数	t	Sig.
2	（常量）		1.198	0.236
	奖赏权	-0.069	-0.666	0.508
	配置权	0.568	5.339	0.000
	影响力	0.297	3.099	0.003

模型 2 以知识共享为因变量，自变量奖赏权、配置权、影响力与知识共享回归的 βeta 值分别为 -0.069、0.568、0.297，模型的 R^2=0.460，除了奖赏权维度，配置权和影响力维度均达到非常显著的水平（$p<0.01$），验证了假设 H2b 和 H2c。从 3 个假设看，影响力和配置权维度正向影响知识共享，奖赏权维度负向影响知识共享的假设未得到证实。

（2）知识共享对创新绩效的影响

运用知识共享对创新绩效进行回归分析（表 5-13）。

表 5-13 知识共享与创新绩效回归模型

模型		标准系数	t	Sig.
3	（常量）		4.108	0.000
	影响力	0.297	4.819	0.000

模型 3 以知识共享为自变量，创新绩效回归，βeta 值为 0.513，模型的 R^2=0.263，达到非常显著的水平（p<0.01），验证了假设 H3。

（3）知识共享的中介效应

检验知识共享的中介效应运用逐步回归法进行分析（表 5-14）。

表 5-14 中介效应回归分析

	模型 4			模型 5			
指标	奖赏权	配置权	影响力	奖赏权	配置权	影响力	知识共享
βeta	−0.440**	0.523**	0.301**	−0.419**	0.323**	0.212*	0.300*
T 值	−4.006	4.649	2.979	−3.935	2.691	2.023	2.330
F 值	13.784			12.422			
R^2	0.396**			0.445**			

注：** 代表 p 值在 0.01 水平下显著，* 代表 p 值在 0.05 水平下显著。

第一步，模型 4 以创新绩效为因变量，奖赏权、配置权、影响力与创新绩效的 βeta 分别为 −0.440、0.523、0.301，模型的 R^2=0.396，均达到非常显著的水平（p<0.01）。模型 5 在模型 4 的基础上，将中介变量知识共享与奖赏权、配置权、影响力同时作为自变量对创新绩效进行回归，模型 5 的 R^2=0.445，方差解释量比模型 4 提高了 4.9%，知识共享与创新绩效的 βeta 为 0.300，达到显著水平（p<0.05）。加入中介变量知识共享后模型 5 中的自变量奖赏权、配置权、影响力与因变量创新绩效的 βeta 值虽然减少到 −0.419、0.323、0.212，但回归结果仍然是显著的，说明中介变量知识共享对奖赏权、配置权、影响力与创新绩效的中介效应显著，是部分中介而非完全中介，验证了假设 H4a、H4b 和 H4c。假设检验结果汇总于表 5-15。

表 5-15 假设检验汇总

编号	假设	是否证实
1	H1a：奖赏权氛围负向影响组织创新绩效	已证实
2	H1b：配置权氛围正向影响组织创新绩效	已证实
3	H1c：影响力氛围正向影响组织创新绩效	已证实
4	H2a：奖赏权氛围负向影响知识共享	未证实
5	H2b：配置权氛围正向影响知识共享	已证实
6	H2c：影响力氛围正向影响知识共享	已证实
7	H3：知识共享正向影响创新绩效	已证实
8	H4a：知识共享在奖赏权氛围对创新绩效影响过程中起中介作用	已证实
9	H4b：知识共享在配置权氛围对创新绩效影响过程中起中介作用	已证实
10	H4c：知识共享在影响力氛围对创新绩效影响过程中起中介作用	已证实

（五）研究结论与管理启示

1. 主要结论

1）组织知识权力氛围可以从组织层面上进行测量。本研究开发的知识权力氛围量表基于对科技人才的外在激励和内在激励，将量表确定为三个维度：奖赏权、配置权和影响力。量表具有一定的信度和效度。

2）组织的奖赏权氛围可能鼓励利益既得者，为了获取更多的直接报酬而独占知识，进而直接制约组织创新。组织的配置权和影响力氛围一方面直接正向促进组织创新，另一方面通过正向影响组织成员间的知识共享，进而促进组织的创新。

3）知识共享在知识权力氛围影响创新绩效的过程中起到部分中介作用。组织内，内在的、基于人际的影响力和配置权氛围会正向影响科技人才的创新行为。在高的影响力和配置权氛围基础上，组织成员间就会加强互动，相互间就会进行知识共享，实现知识在组织内的溢出效应，激发个体的创新行为，进而促进组织创新。基于工作本身的奖赏权氛围可能会负向影响科技人才的创新行为。在高的奖赏权氛围基础上，组织成员为了个体利益，不愿意进行知识共享，制约了知识在组织内的溢出效应，不利于激发个体的创新行为，进而制约组织创新。

2. 管理启示

1）基于个体特征和组织创新需求，组织应将对区域内人才的激励重点放在工作自由度、工作影响力等内在激励方面，营造配置权、影响力等知识权力氛围，促进组织创新。同时，奖金、工资、晋升等直接物质待遇和外在激励容易导致个体间竞争加剧、知识隐藏，需要科学对待。

2）组织应构建学习型组织，形成组织成员间持续的知识共享机制。通过培训、演讲、报告、师带徒等方式鼓励组织成员，尤其是人才间的知识共享，让人才掌握的隐性知识转化为显性知识，激发个体创新行为，进而促进组织创新。

3）构建团队或群体性绩效评价体系和薪酬奖励体系。通过绩效和薪酬的导向和激励功能激发员工的创新动机和持续的创新行为。

本研究存在样本量偏小、知识权力氛围量表的效度和信度有待进一步验证、研究范围和层次局限等问题。对于知识权力氛围如何影响组织的创新绩效，是否存在其他的调节变量或中介变量，需要进一步拓展深度和广度，使用跨期研究方法；对于在管理学研究领域还是较新概念的知识权力氛围、知识共享等，将进一步研究其测量方法、前因变量和结果变量。

二、高校创新创业教育模型检验

（一）高校创新创业教育影响职业发展模型检验

1. 变量描述性统计分析

高校创新创业教育和职业发展量表均为正向题，条目所获取的分值越大，则反映了参与研究的个体对所选择条目的同意程度就越高。高校创新创业教育、职业发展变量的基本描述性统计数据如表 5-16 所示。

表 5-16　高校创新创业教育、职业发展变量描述性统计数据

	N	极小值	极大值	均值	标准差	偏度		峰度	
	统计量	统计量	统计量	统计量	统计量	统计量	标准误	统计量	标准误
A1	175	1	5	3.74	0.971	−0.938	0.184	0.890	0.365
A2	175	1	5	3.50	0.982	−0.450	0.184	−0.071	0.365

续表

	N	极小值	极大值	均值	标准差	偏度		峰度	
	统计量	统计量	统计量	统计量	统计量	统计量	标准误	统计量	标准误
A3	175	1	5	3.64	1.170	-0.680	0.184	-0.443	0.365
A4	175	1	5	3.74	1.093	-0.876	0.184	0.289	0.365
A5	175	1	5	4.15	0.824	-1.405	0.184	3.382	0.365
A6	175	1	5	3.56	1.026	-0.680	0.184	0.188	0.365
A7	175	1	5	3.67	0.978	-0.797	0.184	0.575	0.365
A8	175	1	5	3.38	1.054	-0.372	0.184	-0.606	0.365
A9	175	1	5	3.62	1.032	-0.890	0.184	0.358	0.365
A10	175	1	5	3.70	0.911	-0.987	0.184	0.993	0.365
A11	175	1	5	3.55	0.992	-0.779	0.184	0.150	0.365
A12	175	1	5	3.54	1.016	-0.701	0.184	0.079	0.365
A13	175	1	5	3.81	0.963	-1.045	0.184	1.057	0.365
A14	175	1	5	3.73	0.997	-0.905	0.184	0.625	0.365
B1	175	1	5	3.54	0.999	-0.716	0.184	0.063	0.365
B2	175	1	5	3.59	0.971	-0.859	0.184	0.624	0.365
B3	175	1	5	3.49	1.028	-0.829	0.184	-0.022	0.365
B4	175	1	5	3.14	1.116	-0.249	0.184	-0.751	0.365
B5	175	1	5	3.80	0.844	-0.997	0.184	1.661	0.365
B6	175	1	5	3.63	0.899	-0.842	0.184	1.013	0.365
B7	175	1	5	3.74	0.849	-1.076	0.184	1.824	0.365
B8	175	1	5	3.65	0.903	-1.035	0.184	1.128	0.365
B9	175	1	5	3.81	0.814	-1.178	0.184	2.284	0.365
B10	175	1	5	3.70	0.861	-0.847	0.184	1.323	0.365

基于表 5-16 的数据可以看出，高校创新创业教育、职业发展等量表的每一个问题所得到的分数的平均值都在 3 ～ 5，反映了本研究的研究对象对高校创新创业教育、职业发展等态度均在不确定（3）到完全同意（5）之间。每个条目的偏度值体现了高校创新创业教育、职业发展量表每个条目所获取的分数与每个条目所得到的平均值二者之间的关系。峰度值反映了条目得分的差异状况，如果高校创新创业教育、职业发展等量表条目的峰度值得数为正，反映了

该条目所取得的分数比较散，该条目所取得的分数的最大值至最小值之间的差距很大；如果该条目所取得的分数小于零，则反映出该条目所取得到的分数值属于比较平坦的分布。样本偏度、峰度的绝对值小于 3 和 10 时，样本服从正态分布（Kline，1998）。本研究中高校创新创业教育、职业发展等量表条目偏度的最大绝对值为 1.178，峰度绝对值最大为 3.382，且二者得分绝对值多数在 0 ～ 2，条目得分分布符合正态分布，其统计特征符合样本本身的特征。从表 5-16 所示的各变量描述性统计表可以看出，观测变量得分符合正态分布，可以使用极大似然估计进行参数估计。

2. 量表的信度和效度分析

本研究采用 SPSS 22 对研究量表进行了信效度检验。

（1）量表效度分析

利用探索性因子分析对量表进行 KOM 和 Bartlett 检验，发现高校创新创业教育、职业发展量表的 KMO 值分别为 0.904、0.887，均大于 0.8， Bartlett 球型检验显著，说明两个量表都适合做因子分析。

1）高校创新创业教育量表维度分析。

对高校创新创业教育量表进行探索性因素分析，结果显示有两个特征值大于 1 的因子，可以解释总方差的 59.575%（表 5-17）。高校创新创业教育量表为两维量表，14 个题项，进一步分析量表维度构成。

表 5-17　高校创新创业教育量表解释的总方差

成分	初始特征值			提取平方和载入			旋转平方和载入		
	合计	方差的（%）	累积（%）	合计	方差的（%）	累积（%）	合计	方差的（%）	累积（%）
1	6.555	46.820	46.820	6.555	46.820	46.820	5.068	36.200	36.200
2	1.786	12.756	59.575	1.786	12.756	59.575	3.272	23.375	59.575

注：提取方法为主成分分析法。

从表 5-18 中可以看出，通过主成分分析法，高校创新创业教育量表共抽取题项分别为 6、8 的两个因子，将因子分别命名为专业学习经历、创新创业学习经历。

表 5-18 高校创新创业教育经历量表旋转成分矩阵[a]

题项	成分	
	1	2
我在校期间认真学习，取得良好的学习成绩	0.302	0.577
我在校期间广泛阅读，拓展了自己的知识面	0.313	0.678
我在校期间考取了相关的专业资格证书	0.127	0.683
我在校期间通过参加专业实习增加工作能力	0.162	0.662
我在校期间可以与他人维持良好的关系	0.187	0.679
我在校期间通过兼职锻炼自己	0.108	0.780
政府加大了创新创业教育投入力度	0.586	0.422
学校加大了创新创业教育投入力度	0.670	0.157
学校课堂教学中融入了一定的实践教学内容	0.802	0.247
学校宣传过创新创业理念	0.850	0.185
课程内容涉及一定的创新创业教育内容	0.848	0.126
学校出台过创新创业教育相关的制度	0.822	0.265
学校举办过创新创业相关的比赛	0.749	0.212
在校期间老师培养和提升学生的创新创业能力	0.824	0.277

注：提取方法为主成分分析法。
a. 旋转在 3 次迭代后收敛。

2）职业发展量表维度分析。

对职业发展量表进行探索性因素分析，结果显示有两个特征值大于 1 的因子，可以解释总方差的 70.005%（表 5-19）。职业发展量表为两维量表，10 个题项，进一步分析量表维度构成。

表 5-19 职业发展量表解释的总方差

成分	初始特征值			提取平方和载入			旋转平方和载入		
	合计	方差的（%）	累积（%）	合计	方差的（%）	累积（%）	合计	方差的（%）	累积（%）
1	5.452	54.522	54.522	5.452	54.522	54.522	4.297	42.967	42.967
2	1.548	15.484	70.005	1.548	15.484	70.005	2.704	27.039	70.005

注：提取方法为主成分分析法。

从表 5-20 中可以看出，通过主成分分析法，职业发展量表共抽取题项分别为 4、6 的两个因子，将因子分别命名为满意度和创新度。

表 5-20 职业发展量表旋转成分矩阵 [a]

题项	成分	
	1	2
我对当前工作很满意	0.185	0.861
我对当前工作稳定性很满意	0.371	0.684
我对所在企业工作环境很满意	0.183	0.755
我对所在企业工作报酬很满意	0.169	0.789
我善于寻求解决问题的新主意和方法	0.857	0.181
针对创新方案，我能制订具体实施计划	0.808	0.216
我会寻求资源推动新想法的实现	0.889	0.217
我会与他人沟通寻求创新创业机会	0.822	0.273
工作中我会尝试新挑战和新技术	0.763	0.222
总体来看，我具有创新创业意识	0.792	0.229

注：提取方法为主成分分析法。
a. 旋转在 3 次迭代后收敛。

（2）量表信度分析

量表的 Cronbach's alpha 系数越高，表明测量工具内部一致性越高，该测量工具越可靠。一般而言 Cronbach's alpha 系数以 0.7 为标准。同时若发现将某题删除后反而会显著提高内部一致性，则该题删除不用。

表 5-21 结果显示，总量表的信度均在 0.8 以上，分量表信度最低为 0.799，量表信度可以接受。

表 5-21 量表信度分析结果

量表名称	总量表、维度	题项	Cronbach's alpha 系数
高校创新创业教育	总量表	14	0.906
	专业学习经历 创新创业学习经历	6 8	0.799 0.922
职业发展	总量表	10	0.899
	职业满意度 职业创新度	4 6	0.819 0.924

具体看，高校创新创业教育量表内部一致性：从表5-21的数据可以看到，高校创新创业教育量表的alpha值得数是0.906，表明该量表整体具有很好的信度。

从此项删除的alpha值看（表5-22），去掉每一个条款都不会带来Cronbach's alpha系数的增加，说明了该量表现有的条款都应保留下来，不应删除。该量表具有良好的信度和内部的一致性。

表5-22 高校创新创业教育量表信度和内部一致性分析

题项 \ 分析	项已删除的刻度均值	项已删除的刻度方差铉	校正的项总计相关性	项已删除的alpha值
我在校期间认真学习，取得良好的学习成绩	47.58	79.038	0.526	0.903
我在校期间广泛阅读，拓展了自己的知识面	47.82	77.713	0.600	0.900
我在校期间考取了相关的专业资格证书	47.68	78.380	0.449	0.906
我在校期间通过参加专业实习增加工作能力	47.58	78.796	0.467	0.906
我在校期间可以与他人维持良好的关系	47.17	81.016	0.496	0.904
我在校期间通过兼职锻炼自己	47.76	78.931	0.498	0.904
政府加大了创新创业教育投入力度	47.65	76.793	0.660	0.898
学校加大了创新创业教育投入力度	47.94	77.588	0.558	0.902
学校课堂教学中融入了一定的实践教学内容	47.70	74.957	0.729	0.895
学校宣传过创新创业理念	47.62	76.594	0.729	0.896
课程内容涉及一定的创新创业教育内容	47.77	76.258	0.682	0.897
学校出台过创新创业教育相关的制度	47.78	74.769	0.755	0.894
学校举办过创新创业相关的比赛	47.51	77.113	0.651	0.898
在校期间老师培养和提升学生的创新创业能力	47.59	74.852	0.766	0.894

具体看，职业发展量表内部一致性：从表5-21的数据可以看到，大学生职业发展量表的alpha值得数是0.899，表明该量表整体具有很好的信度。

从此项删除的alpha值看（表5-23），去掉每一个条款都不会带来Cronbach's alpha系数的增加，说明了该量表现有的条款都应保留下来，不应删除。该量表具有良好的信度和内部的一致性。

表5-23　大学生职业发展量表信度和内部一致性分析

题项＼分析	项已删除的刻度均值	项已删除的刻度方差铉	校正的项总计相关性	项已删除的alpha值
我对当前工作很满意	32.54	37.261	0.600	0.892
我对当前工作稳定性很满意	32.49	37.090	0.637	0.890
我对所在单位工作环境很满意	32.59	37.909	0.522	0.898
我对所在单位工作报酬很满意	32.94	37.123	0.529	0.899
我善于寻求解决问题的新主意和方法	32.28	37.479	0.714	0.885
针对创新方案，我能制订具体实施计划	32.45	37.145	0.695	0.886
我会寻求资源推动新想法的实现	32.34	36.903	0.770	0.882
我会与他人沟通寻求创新创业机会	32.43	36.592	0.747	0.882
工作中我会尝试新挑战和新技术	32.27	38.223	0.664	0.888
总体来看，我具有创新创业意识	32.38	37.525	0.692	0.886

3. 假设检验

（1）相关性分析

相关性分析用来反映变量之间关系的密切程度，主要通过相关性系数来反映，本研究采用Pearson分析方法进行相关性分析，分析结果见表5-24。

表5-24　相关系数

	专业学习经历	创新创业学习经历	满意度	创新度
专业学习经历	1	0.537**	0.568**	0.592**
创新创业学习经历		1	0.390**	0.506**
满意度			1	0.518**
创新度				1

注：** 代表 p<0.01。

从表5-24可以看出，高校创新创业教育的两个维度与职业发展的两个维度之间存在显著相关性，初步验证了研究假设。

（2）回归分析

相关性只能判断变量之间是否存在密切关系，但不能对变量中自变量和因变量的因果关系进行判断，需进一步对变量进行回归分析。本研究主要采用一元回归方法来验证假设，分析结果见表 5-25。

表 5-25　回归结果

模型 1	R^2	自变量	标准系数	t	Sig.
因变量：满意度	0.332	专业学习经历	0.503	6.812	0.000
		创新创业经历	0.120	1.628	0.105
模型 2	R^2	自变量	标准系数	t	Sig.
因变量：创新度	0.401	专业学习经历	0.450	6.436	0.000
		创新创业经历	0.264	3.780	0.000

从表 5-25 中可以看到，高校创新创业教育中的专业学习经历对职业满意度的正向影响是显著的，回归系数为 0.503，假设 H1a 得到证实。高校创新创业教育中的创新创业学习经历对职业满意度的正向影响不显著，假设 H1b 未得到证实，未证实的可能原因是因为本研究将专业学习经历定义为通过课堂内外获取的专业知识，本身包含一些实践知识，满意度主要针对工作本身的环境、稳定性、薪酬等方面，二者之间的相关度更高。而创新创业学习经历主要强调了政府、学校如何进行创新创业教育，对学生工作影响相关度较低，导致创新创业学习经历对职业满意度的正向影响不显著。高校创新创业教育中的专业学习经历对职业创新度的正向影响是显著的，回归系数为 0.450，假设 H2a 得到证实；高校创新创业教育中的创新创业学习经历对创新度的正向影响显著，回归系数为 0.264，假设 H2b 得到证实。

（二）高校创新创业教育绩效评价模型检验

1. 变量描述性统计分析

创新创业教育投入、创新创业教育过程和创新创业教育绩效量表均为正向题，条目所获取的分值越大，则反映了参与研究的个体对所选择条目的同意程度就越高。创新创业教育投入、创新创业教育过程和创新创业教育绩效等变量的基本描述性统计数据如表 5-26 所示。

表 5-26 创新创业教育投入、过程、绩效等变量描述性统计数据

	N	极小值	极大值	均值	标准差	偏度		峰度	
	统计量	统计量	统计量	统计量	统计量	统计量	标准误	统计量	标准误
A1	348	1	5	3.94	1.052	−0.896	0.131	0.316	0.261
A2	348	1	5	3.93	1.087	−0.769	0.131	−0.195	0.261
A3	348	1	5	4.05	0.963	−0.868	0.131	0.256	0.261
A4	348	1	5	3.92	1.054	−0.669	0.131	−0.355	0.261
A5	348	1	5	3.28	1.180	−0.189	0.131	−0.746	0.261
B1	348	1	5	3.61	1.080	−0.421	0.131	−0.467	0.261
B2	348	1	5	3.71	1.062	−0.640	0.131	−0.139	0.261
B3	348	1	5	3.70	1.054	−0.532	0.131	−0.247	0.261
B4	348	1	5	4.03	0.960	−0.923	0.131	0.672	0.261
B5	348	1	5	3.82	1.013	−0.646	0.131	0.029	0.261
B6	348	1	5	3.89	0.978	−0.653	0.131	−0.051	0.261
B7	348	1	5	3.96	0.968	−0.800	0.131	0.316	0.261
B8	348	1	5	4.06	0.926	−0.974	0.131	0.833	0.261
B9	348	1	5	3.79	1.022	−0.526	0.131	−0.297	0.261
B10	348	1	5	3.81	1.001	−0.584	0.131	−0.116	0.261
B11	348	1	5	3.64	1.080	−0.477	0.131	−0.466	0.261
B12	348	1	5	3.81	0.962	−0.596	0.131	0.049	0.261
C1	348	1	5	3.86	0.911	−0.568	0.131	0.126	0.261
C2	348	1	5	3.80	0.955	−0.540	0.131	−0.070	0.261
C3	348	1	5	3.91	0.892	−0.671	0.131	0.415	0.261
C4	348	1	5	3.91	0.923	−0.738	0.131	0.519	0.261
C5	348	1	5	4.17	0.877	−1.033	0.131	1.004	0.261
C6	348	1	5	4.02	0.877	−0.787	0.131	0.569	0.261
C7	348	1	5	3.84	0.953	−0.679	0.131	0.392	0.261
C8	348	1	5	3.81	0.934	−0.409	0.131	−0.312	0.261
C9	348	1	5	3.94	0.900	−0.723	0.131	0.441	0.261
C10	348	1	5	3.88	0.875	−0.666	0.131	0.528	0.261
C11	348	1	5	3.82	0.917	−0.582	0.131	0.318	0.261
C12	348	1	5	3.66	0.996	−0.416	0.131	−0.296	0.261

续表

	N	极小值	极大值	均值	标准差	偏度		峰度	
	统计量	统计量	统计量	统计量	统计量	统计量	标准误	统计量	标准误
C13	348	1	5	3.74	0.935	-0.564	0.131	0.057	0.261
C14	348	1	5	3.41	1.272	-0.457	0.131	-0.817	0.261
C15	348	1	5	3.21	1.315	-0.324	0.131	-0.968	0.261
C16	348	1	5	3.43	1.204	-0.512	0.131	-0.546	0.261

从表 5-26 的数据可以看出，创新创业教育投入、创新创业教育过程和创新创业教育绩效等量表的每一个问题所得到的分数的平均值都在 3 ～ 5 之间，反映了本研究的研究对象对创新创业教育投入、创新创业教育过程和创新创业教育绩效等态度均在不确定（3）到完全同意（5）之间。每个条目的偏度值体现了创新创业教育投入、创新创业教育过程和创新创业教育绩效量表每个条目所获取的分数与每个条目所得到的平均值二者之间的关系。峰度值反映了条目得分的差异状况，如果创新创业教育投入、创新创业教育过程和创新创业教育绩效等量表条目的峰度值得数为正，反映了该条目所取得的分数比较散，该条目所取得的分数的最大值至最小值之间的差距很大；如果该条目所取得的分数小于零，则反映出该条目所取得到的分数值属于比较平坦的分布。样本偏度、峰度的绝对值小于 3 和 10 时，样本服从正态分布（Kline，1998）。本研究中创新创业教育投入、创新创业教育过程和创新创业教育绩效等量表条目偏度的最大绝对值为 1.033，峰度绝对值最大为 1.004，且二者得分绝对值多数在 0 ～ 1 之间，条目得分分布符合正态分布，其统计特征符合样本本身的特征。从表 5-26 所示的各变量描述性统计表可以看出，观测变量得分符合正态分布，可以使用极大似然估计进行参数估计。

2. 量表的信度和效度检验

本研究采用 SPSS 22 对研究量表进行了信效度检验。

（1）量表效度分析

利用 SPSS 软件对量表进行 KOM 和 Bartlett 检验，发现教育投入感知、教育过程和教育绩效三个量表的 KMO 值分别为 0.861、0.934、0.950，均大于 0.8，Bartlett 球型检验显著。

1）创新创业教育投入感知量表维度分析。

对创新创业教育投入感知量表进行探索性因素分析，结果显示仅有一个特征值大于 1 的因子，可以解释总方差的 67.767%。创新创业教育投入感知量表为一维量表，5 个题项（表 5-27）。

表 5-27 创新创业教育投入感知因子载荷

题项	初始	提取
学校持续地增加创新创业教育投入	1.000	0.583
社会各界给大学生创新创业提供了更多的资源	1.000	0.789
政府加大了创新创业教育投入力度	1.000	0.735
企业给予大学生更多的创新创业实践机会	1.000	0.784
我花了更多的时间和精力在创新创业方面	1.000	0.598

注：提取方法为主成分分析法。

2）创新创业教育过程量表维度分析。

对创新创业教育过程量表进行探索性因素分析（表 5-28），结果显示有两个特征值大于 1 的因子，可以解释总方差的 71.630%。创新创业教育过程量表为两维量表，12 个题项，进一步分析量表维度构成。

表 5-28 创新创业教育过程量表解释的总方差

成分	初始特征值			提取平方和载入			旋转平方和载入		
	合计	方差的（%）	累积（%）	合计	方差的（%）	累积（%）	合计	方差的（%）	累积（%）
1	7.580	63.169	63.169	7.580	63.169	63.169	4.718	39.314	39.314
2	1.015	8.461	71.630	1.015	8.461	71.630	3.878	32.316	71.630

注：提取方法为主成分分析法。

从表 5-29 中可以看出，通过主成分分析法，创新创业教育过程量表共抽取题项分别为 5、7 的两个因子，将因子分别命名为学校教育、校外教育。

表 5-29 创新创业教育过程量表旋转成分矩阵[a]

题项	成分	
	1	2
学校课堂教学中融入了创新创业实践教学内容	0.303	0.812
学校课程内容涉及一定的创新创业教育内容	0.338	0.851

续表

题项	成分	
	1	2
学校出台过创新创业教育相关的制度	0.311	0.812
学校举办过创新创业相关的比赛	0.450	0.649
学校进行过创新创业辅导和政策讲解	0.448	0.720
我经常在媒体上看到关于创新创业的报道	0.681	0.396
社会对大学生创新创业更加理解和支持	0.826	0.323
国家出台了许多政策鼓励大学生创新创业	0.830	0.266
高等教育改革明确了创新创业导向	0.788	0.337
企业给予了大学生更多的创新创业实践平台	0.778	0.355
经常听到创新创业成功人士的演讲	0.650	0.395
社会上关于创新创业能力培训越来越多	0.727	0.412

注：提取方法为主成分分析法。
a. 旋转在 3 次迭代后收敛。

3）创新创业教育绩效量表维度分析。

对创新创业教育绩效量表进行探索性因素分析，结果显示，KMO 值为 0.950，有两个特征值大于 1 的因子，可以解释总方差的 71.630%。创新创业教育绩效量表为两维量表（图 5-1），16 个题项，进一步分析量表维度构成。

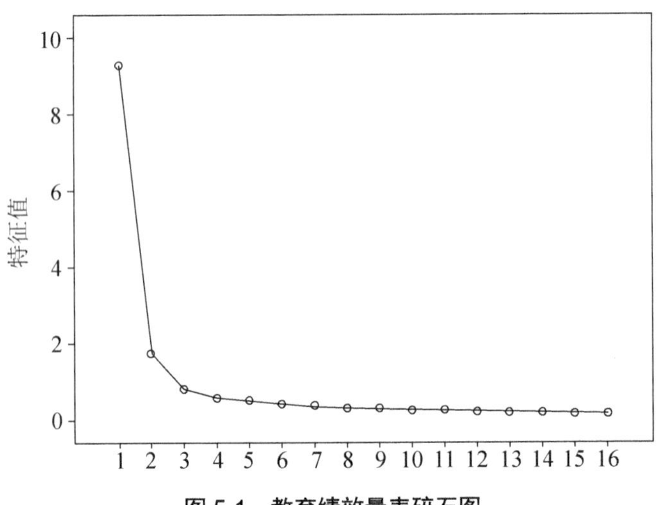

图 5-1 教育绩效量表碎石图

从表 5-30 中可以看出，通过主成分分析法，教育绩效量表共抽取题项分别为 11、5 的两个因子，将因子分别命名为内隐绩效和外显绩效。内隐绩效主要表现为意识转变、抓住机会、资源配置、新方法等方面，外显绩效主要表现为组织、人际交往、发现问题、解决问题等方面。

表 5-30　创新创业教育绩效旋转成分矩阵[a]

题项	成分	
	1	2
我善于寻求解决问题新主意和方法	0.812	0.284
针对创新方案，我能制订具体实施计划	0.728	0.344
我会寻求资源推动新想法的实现	0.805	0.327
我会与他人沟通寻求创新创业机会	0.835	0.261
我认识到创新型人才需求的迫切	0.799	0.004
学习中我会尝试新挑战和新方法	0.841	0.154
总体来看，我具有创新创业意识	0.782	0.306
我擅长组织各类活动	0.652	0.468
我善于与他人打交道	0.643	0.420
我擅长在复杂的环境中发现问题	0.646	0.471
我擅长在压力下快速解决问题	0.606	0.512
我在学校设计过活动方案	0.524	0.648
我的专业知识学得比较好	0.439	0.630
我在学校参加过创新创业相关的比赛	0.178	0.856
我在学校撰写过创新创业相关的论文	0.115	0.866
我在学校参与过创新创业相关的实践活动	0.224	0.825

注：提取方法为主成分分析法。
a. 旋转在 3 次迭代后收敛。

（2）量表信度分析

量表信度指测量工具的可靠程度，在实证研究中通常采用 Cronbach's alpha 系数方法进行信度评价检验，Cronbach's alpha 系数越高，表明测量工具内部一致性越高，该测量工具越可靠。若该变量的 Cronbach's alpha 内部一致性值均在 0.8 以上，说明数据信度非常好，当内部一致性值低于 0.6 时，完全不接受，一般而言 Cronbach's alpha 系数以 0.7 为标准。

表 5-31 结果显示，总量表的信度均在 0.8 以上，分量表信度最低为 0.875，量表信度良好。

表 5-31 量表信度分析结果

量表名称	总量表、维度	题项	Cronbach's alpha 系数
教育投入感知	一维量表	5	0.875
教育过程	总量表	12	0.946
	学校教育 校外教育	5 7	0.909 0.927
教育绩效	总量表	16	0.947
	内隐绩效 外显绩效	11 5	0.948 0.886

1）具体看，教育投入感知量表内部一致性：从表 5-31 的数据可以看到，教育投入感知量表的 alpha 值得数是 0.875，表明该量表整体具有很好的信度。进一步分析内部一致性（表 5-32）。

表 5-32 教育投入感知量表信度和内部一致性分析

题项 \ 分析	项已删除的刻度均值	项已删除的刻度方差铱	校正的项总计相关性	项已删除的 alpha 值
学校持续地增加创新创业教育投入	15.18	13.111	0.639	0.864
社会各界给大学生创新创业提供了更多的资源	15.19	11.941	0.793	0.827
政府加大了创新创业教育投入力度	15.07	12.955	0.750	0.840
企业给予大学生更多的创新创业实践机会	15.20	12.132	0.795	0.827
我花了更多的时间和精力在创新创业方面	15.84	12.823	0.575	0.883

从此项删除的 alpha 值看，去掉每一个条款都不会带来 Cronbach's alpha 系数的增加，说明了该量表现有的条款都应保留下来，不应删除。该量表具有良好的信度和内部的一致性。

2）具体看，教育过程量表内部一致性：教育过程量表的 alpha 值得数是 0.946（表 5-31），表明该量表整体具有很好的信度。进一步分析内部一致性（表 5-33）。

表 5-33　教育过程量表信度和内部一致性分析

题项 \ 分析	项已删除的刻度均值	项已删除的刻度方差铉	校正的项总计相关性	项已删除的alpha 值
学校课堂教学中融入了创新创业实践教学内容	42.22	77.527	0.720	0.943
学校课程内容涉及一定的创新创业教育内容	42.11	76.730	0.781	0.941
学校出台过创新创业教育相关的制度	42.13	77.779	0.726	0.943
学校举办过创新创业相关的比赛	41.80	79.187	0.719	0.943
学校进行过创新创业辅导和政策讲解	42.00	77.582	0.772	0.941
我经常在媒体上看到关于创新创业的报道	41.94	78.832	0.725	0.943
社会对大学生创新创业更加理解和支持	41.87	77.936	0.790	0.940
国家出台了许多政策鼓励大学生创新创业	41.77	79.165	0.750	0.942
高等教育改革明确了创新创业导向	42.04	77.514	0.769	0.941
企业给予了大学生更多的创新创业实践平台	42.02	77.712	0.775	0.941
经常听到创新创业成功人士的演讲	42.19	77.891	0.699	0.944
社会上关于创新创业能力培训越来越多	42.01	78.239	0.777	0.941

从此项删除的alpha值看，去掉每一个条款都会带来Cronbach’s alpha系数的下降，说明了该量表现有的条款都应保留下来，不应删除。该量表具有良好的信度和内部的一致性。

3）具体看，教育绩效量表内部一致性：教育绩效量表的alpha值得数是0.947（表5-31），表明该量表整体具有很好的信度。进一步分析内部一致性（表5-34）。

表 5-34 教育绩效量表信度和内部一致性分析

题项 \ 分析	项已删除的刻度均值	项已删除的刻度方差铉	校正的项总计相关性	项已删除的alpha 值
我善于寻求解决问题新主意和方法	56.53	123.910	0.771	0.942
针对创新方案，我能制订具体实施计划	56.59	123.666	0.744	0.943
我会寻求资源推动新想法的实现	56.48	123.766	0.798	0.942
我会与他人沟通寻求创新创业机会	56.48	123.582	0.777	0.942
我认识到创新型人才需求的迫切	56.22	128.244	0.572	0.946
学习中我会尝试新挑战和新方法	56.36	125.696	0.708	0.943
总体来看，我具有创新创业意识	56.55	123.361	0.762	0.942
我擅长组织各类活动	56.57	123.767	0.758	0.942
我善于与他人打交道	56.44	125.089	0.720	0.943
我擅长在复杂的环境中发现问题	56.51	124.787	0.759	0.942
我擅长在压力下快速解决问题	56.57	124.183	0.752	0.942
我在学校设计过活动方案	56.73	122.199	0.781	0.942
我的专业知识学得比较好	56.65	124.898	0.700	0.943
我在学校参加过创新创业相关的比赛	56.98	120.948	0.637	0.946
我在学校撰写过创新创业相关的论文	57.18	121.632	0.587	0.948
我在学校参与过创新创业相关的实践活动	56.96	121.482	0.658	0.945

从此项删除的 alpha 值看，去掉每一个条款基本都会带来 Cronbach's alpha 系数的下降，说明了该量表现有的条款都应保留下来，不应删除。该量表具有良好的信度和内部的一致性。

3. 高校创新创业绩效评价分析

（1）创新创业教育投入分析：“知”与“行”的偏差

从 IPO 视角评价创新创业教育投入，主要基于学生对学校、社会、政府和自身是否加大了对创新创业教育的投入和关注力度。从表 5-35 可以看出，学生对教育投入力度整体打分均值为 3.82，介于不确定与有些同意之间，说明从整体看，学生认为对创新创业教育投入力度还不够。

表 5-35　教育投入均值　（N=348）

题项	极小值	极大值	均值	标准差
学校持续地增加创新创业教育投入	1	5	3.94	1.052
社会各界给大学生创新创业提供了更多的资源	1	5	3.93	1.087
政府加大了创新创业教育投入力度	1	5	4.05	0.963
企业给予大学生更多的创新创业实践机会	1	5	3.92	1.054
我花了更多的时间和精力在创新创业方面	1	5	3.28	1.180
教育投入	1	5	3.82	0.874

比较来看，学生对投入力度评价由高到低分别为政府（4.05）、学校（3.94）、社会（3.93）、企业（3.92）、自身（3.28）。学生一方面感知政府、学校对创新创业教育的重视和投入的增加，另一方面，自身投入创新创业方面的精力和时间又非常少，形成了“知”与“行”的偏差。

从图 5-2 可以看出，学生对自身投入创新创业方面的精力和时间评价竟然有 114 名学生选择了不确定选项，有 86 名同学选择了有些不同意或完全不同意自己花了更多的时间和精力。

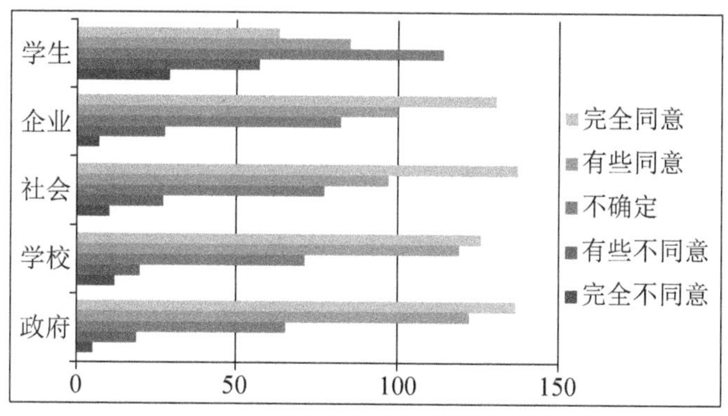

图 5-2　教育绩效投入评价

（2）创新创业教育过程分析："认知"与"执行"的偏差

1）学校教育。

学校教育评价主要基于学校课堂教学、课程内容、学校注册、举办比赛、创新创业辅导等方面。从表5-36可以看出，学生对学校教育整体评价均值为3.77，介于不确定与有些同意之间，说明从整体看，学生认为对创新创业学校教育力度还不够。

表5-36 学校教育均值 （N=348）

题项	极小值	极大值	均值	标准差
学校课堂教学中融入了创新创业实践教学内容	1	5	3.61	1.080
学校课程内容涉及一定的创新创业教育内容	1	5	3.71	1.062
学校出台过创新创业教育相关的制度	1	5	3.70	1.054
学校举办过创新创业相关的比赛	1	5	4.03	0.960
学校进行过创新创业辅导和政策讲解	1	5	3.82	1.013
学校教育	1	5	3.77	0.886

比较来看，学生对学校教育评价由高到低分别为举办过创新创业相关的比赛（4.03）、进行过创新创业辅导和政策讲解（3.82）、学校课程内容涉及（3.71）、出台过创新创业教育相关的制度（3.70）、学校课堂教学中融入（3.61）。学生评价虽然学校举办了各类创新创业比赛、出台了各项政策，但在课堂教学中融入创新创业教育相对较少。

2）校外教育。

校外教育评价主要基于社会的理解和支持、媒体报道、国家政策鼓励、高等教育改革、企业提供创新创业实践平台、成功人士的演讲、社会创新创业能力培训等方面进行。从表5-37可以看出，学生对校外教育整体评价均值为3.85，介于不确定与有些同意之间，说明从整体看，学生认为对创新创业校外教育力度还不够。

比较来看，学生对校外教育评价由高到低分别为国家政策鼓励（4.06）、社会理解与支持（3.96）、社会舆论导向（3.89）、企业提供实践平台和社会提供能力培训（3.81）、高等教育改革（3.79）、成功人士的演讲（3.64）。从校外教育看，政府、企业和社会都直接或间接地对大学生进行了创新创业引导和教育。

表 5-37　校外教育均值　（N=348）

	极小值	极大值	均值	标准差
我经常在媒体上看到关于创新创业的报道	1	5	3.89	0.978
社会对大学生创新创业更加理解和支持	1	5	3.96	0.968
国家出台了许多政策鼓励大学生创新创业	1	5	4.06	0.926
高等教育改革明确了创新创业导向	1	5	3.79	1.022
企业给予了大学生更多的创新创业实践平台	1	5	3.81	1.001
经常听到创新创业成功人士的演讲	1	5	3.64	1.080
社会上关于创新创业能力培训越来越多	1	5	3.81	0.962
校外教育	1	5	3.85	0.827

（3）创新创业教育绩效分析

1）内隐绩效。

内隐绩效主要体现为创新创业认知和创新能力的提升。从表 5-38 可以看出，学生对内隐绩效整体评价均值为 3.90，接近有些同意，说明从整体看，学生认为通过创新创业教育在很大程度上提升了自身对创新创业的认知和重视。

表 5-38　内隐绩效均值　（N=348）

题项	极小值	极大值	均值	标准差
我善于寻求解决问题新主意和方法	1	5	3.86	0.911
针对创新方案，我能制订具体实施计划	1	5	3.80	0.955
我会寻求资源推动新想法的实现	1	5	3.91	0.892
我会与他人沟通寻求创新创业机会	1	5	3.91	0.923
我认识到创新型人才需求的迫切	1	5	4.17	0.877
学习中我会尝试新挑战和新方法	1	5	4.02	0.877
总体来看，我具有创新创业意识	1	5	3.84	0.953
我擅长组织各类活动	1	5	3.81	0.934
我善于与他人打交道	1	5	3.94	0.900
我擅长在复杂的环境中发现问题	1	5	3.88	0.875
我擅长在压力下快速解决问题	1	5	3.82	0.917
内隐绩效	1	5	3.90	0.738

比较来看，学生对内隐绩效评价由高到低主要为创新型人才需求迫切性（4.17）、尝试新方法（4.02）、与人打交道（3.94），相对而言，制订具体实施计划（3.80）、组织各类活动（3.81）等方面分值比较低，在一定程度上反映出学生认识到创新创业的重要性，但在实际学习中，又很难行动起来。

2）外显绩效。

外显绩效主要表现为学生在学校参与过的或取得的与创新创业教育相关的活动或成果。从表 5-39 可以看出，学生对外显绩效整体评价均值为 3.49，介于不确定与有些同意之间，从整体看，创新创业教育外显绩效偏低。

表 5-39 外显绩效均值 （N=348）

	极小值	极大值	均值	标准差
我在学校设计过活动方案	1	5	3.66	0.996
我的专业知识学得比较好	1	5	3.74	0.935
我在学校参加过创新创业相关的比赛	1	5	3.41	1.272
我在学校撰写过创新创业相关的论文	1	5	3.21	1.315
我在学校参与过创新创业相关的实践活动	1	5	3.43	1.204
外显绩效	1	5	3.49	0.957

比较来看，学生对外显绩效评价由高到低分别为专业知识（3.74）、活动方案（3.66）、参加实践活动（3.43）、参加比赛（3.41）、论文撰写（3.21）。学生关于创新创业实践、动手能力相对较弱。

4. 创业教育绩效协同分析

创新创业教育是一个系统工程，其投入会影响后续的过程，而过程管理的效率又会直接影响结果，好的结果又会进一步促进投入，从而形成良性循环。在前一部分分析中，从我国高校整体看，创新创业教育的投入偏低，学校教育、校外教育还有一定缺失，学生的外显绩效偏低。基于系统论和协同论，进一步分析创新创业基于绩效的投入、过程、产出之间的相互影响和协同互动。

（1）创新创业教育投入、过程、绩效之间的相关性分析

相关性分析用来反映变量之间关系的密切程度，主要通过相关性系数来反映。本研究采用 Pearson 分析方法进行相关性分析，分析结果见表 5-40。

表 5-40　创新创业教育投入、过程、绩效的相关性

	教育投入	教育过程	教育绩效
教育投入	1	0.757**	0.614**
教育过程		1	0.751**
教育绩效			1

注：** 代表 p<0.01。

从表 5-40 可以看出，创新创业教育投入、过程、绩效之间存在显著相关性。为了进一步分析投入、过程和结果之间的协同效应，我们基于协同理论进一步运用回归分析，探索三者之间的互动。

（2）回归分析

相关性只能判断变量之间是否存在密切关系，但不能对变量中自变量和因变量的因果关系进行判断，需进一步对变量进行回归分析。

基于协同理论和系统理论，创新创业教育投入一方面会直接正向影响教育绩效，另一方面会通过教育过程的中介效应间接影响教育绩效。我们运用逐步回归法，首先将教育投入作为自变量对教育绩效回归，然后加入中介变量教育过程与教育投入共同作为自变量对因变量教育绩效回归，结果见表 5-41。

表 5-41　回归结果

模型		R^2	标准系数	t	Sig.
1	（常量）			12.645	0.000
	教育投入	0.377	0.614	14.463	0.000
2	（常量）			8.098	0.000
	教育投入		0.107	1.972	0.049
	教育过程	0.568	0.670	12.375	0.000

从表 5-41 中可以看到，在模型 1 中，创新创业教育投入正向影响教育绩效，且回归系数达到了 0.614， 模型 1 的 R^2 为 0.377；在模型 2 中，加入了中介变量教育过程后，创新创业教育投入正向影响教育绩效，回归系数虽然下降到 0.107，但中介变量教育过程对教育绩效的回归系数为 0.670，模型 2 的 R^2 提升到 0.568，加入中介变量后的模型 2 对因变量教育绩效的解释力更强。加入中介变量，自变量教育投入对教育绩效的影响减弱了，二者的回归系数0.170，

在 p=0.05 水平下，教育投入对教育绩效的直接影响仍然显著，教育投入通过教育过程的部分中介间接影响教育绩效。实证结果在一定程度上反映，我们既要关注创新创业教育投入对绩效的影响，更要关注创新创业教育的具体过程，通过科学、有效地组织校内外教学与教育活动，能更有效地提升创新创业教育绩效。

（三）高等学校创新创业教育存在的主要问题

本部分主要基于调研和文献分析对我国创新创业教育存在的主要问题加以探析，进而有针对性地提出解决方法。

1. 创新创业教育宣传不到位

（1）创新创业氛围不够浓厚

从统计数据看（图 5-3），关于是否创新创业，在校大学生认为受到家庭和朋友影响出现频次最多，达到了 137 次，占到了 348 份问卷中的 39.4%，69 人认为受到企业的影响，仅有 51 人选择受到学校影响，占比只有 14.7%，有 42 人选择受到社会舆论的影响，有 23 人选择受到政府宣传的影响。在一定程度上，反映出学校创新创业教育的缺位、社会舆论的导向功能偏差、社会创新创业氛围不够浓厚等问题。

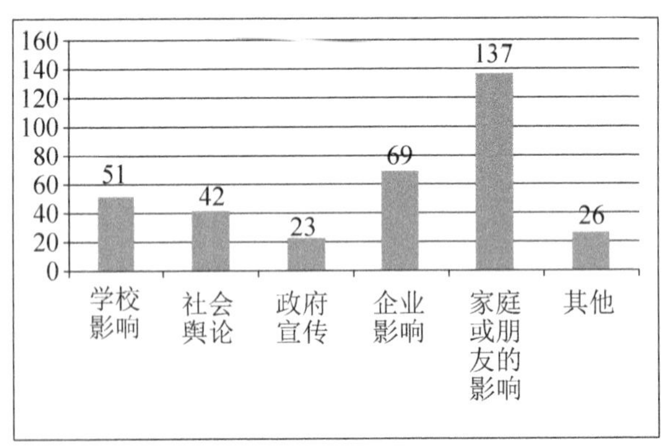

图 5-3　创新创业影响来源

（2）创新创业的动机不够强烈

从统计数据看（图 5-4），对创新创业不了解的 12 人，很少想过的 77 人，完全没想过的 26 人，三者占比达到了 33%，完全赞同的仅有 69 人。在“双创”背景下，在建设创新型国家的今天，还有近 1/3 的学生缺乏创新创业意识，在一定程度上反映了大学生对创新创业的自我效能感相对较低，倒逼学校、社会在加大创新创业宣传的同时，还要在大学生自信心、创新创业动机和动力上下功夫。

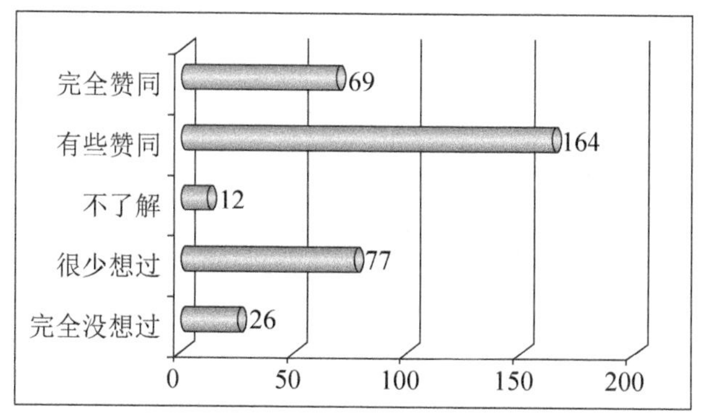

图 5-4 创新创业动机

（3）创新创业的认识不够全面

从统计数据看，在对创新创业认识上，大学在校生认为创新创业教育是开发一项创新项目的出现频次最多，达到了 138 次，占到了 348 份问卷中的近 40%，103 人认为创新创业教育是开创一份事业（图 5-5）。

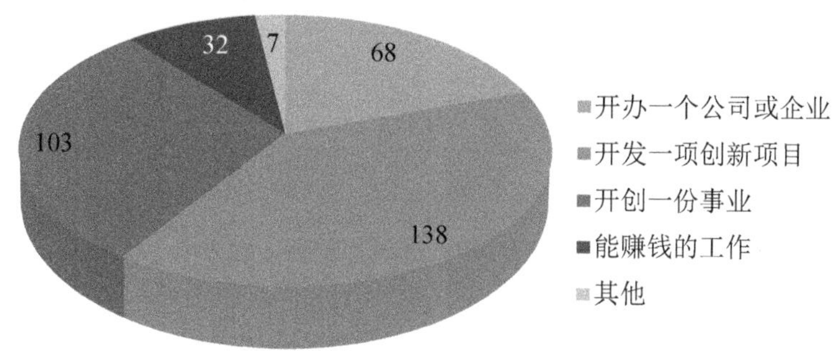

图 5-5 学生对创新创业的看法

虽然大学创新创业教育不等同于鼓励学生在校或者毕业就去创办企业或公司，但是目前高校和学生对创新创业教育认识存在偏颇，认为只有想要创业的人才去参与这样的一种教育。随着经济社会的急剧发展，发展更趋多元化和复杂性，要求大学生对创新创业的理解应该更加广泛。

2. 创新创业教育管理效率不高

（1）教与学的脱节

从学校的创新创业教育看，目前的主要形式表现为，一是开展创新创业理论课程；二是举办或鼓励学生参加各类学科竞赛、创新创业大赛；三是在专业课程中增加实操环节、考察环节。在调查中，我们发现许多学校的创新创业辅导、讲座、论坛流于形式；各种竞赛学生参与面窄，不能普及推广，并且很多的专业技能大赛基于计算机操作，与实践有一定的脱节；第三种形式最受学生欢迎，但由于各种条件制约，真正开设和实施起来的课程很少。

从学生的学方面看，表 5-42 的统计数据显示，348 份有效问卷中 217 人选择了创新创业最好的方法是设立大学生创业基金，在实践中锻炼创新创业能力；有 173 人选择了到创业成功的企业实地考察，172 人选择了设立大学生创业启动项目，126 人选择了建立校企联合创新创业基地。相对而言，选择新闻媒体多宣传成功创业人士的经验和案例（42 人）、参加各类创新创业大赛（98 人）人数较少。

表 5-42 学生最期望的教育方式

	频率	有效百分比（%）	累积百分比（%）
请成功人士讲授经验	108	11.5	11.5
设立大学生创业基金	217	23.0	34.5
到创业成功的企业实地考察	173	18.3	52.8
设立大学生创业启动项目	172	18.2	71.0
参加各类创新创业大赛	98	10.4	81.4
建立校企联合创新创业基地	126	13.4	94.8
新闻媒体多宣传成功创业人士的经验和案例	42	4.5	99.3
其他	7	0.7	100.0
合计	943	100.0	

从统计数据看（图 5-6），348 份有效问卷中 312 名学生选择了创新创业的最大障碍是资金不足，其次是风险承受能力不足（226 人）、个人能力欠缺（216 人）、没有好的项目（131 人），家人反对仅有 55 人选择。学生缺乏启动资金、没有好的项目作为载体，在创新创业教育中接触不到实践，难以形成对创业创

业教育的正确认识，进而制约其创新创业能力的提升。学校的创新创业教育供给与学生对创新创业教育的需求未实现有效对接。

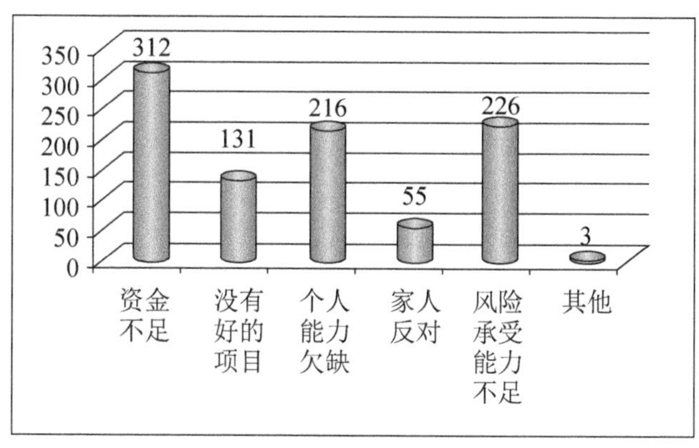

图 5-6　创新创业障碍

（2）管理职责的交叉与混乱

在本次调查中，我们发现，绝大部分同学对学校创新创业教育由哪个部门负责不清楚，绝大部分高校没有设立专门的创新创业教育教学机构、管理机构和研究机构。许多学校将创新创业教育归为实践教学设在教务处下，一些学校由团委负责与创新创业教育相关的创新创业辅导、第二课堂和技能大赛。还有一些学校虽然设立了创新创业学院或实践管理处，但部门与部门之间、部门与学院之间职责界定不清晰，部门之前不能很好地协作，导致各部门各自为政，管理秩序混乱，导致创新创业教育与专业、学科和课程脱节。

3. 创新创业教育评价反馈机制不健全

创新创业教育本身具有很强的实践性，在对其绩效和效果进行评价时应依据动态的追踪型指标，比如大学毕业生的创新度、创业率。但是在现实中由于创新创业影响因素的复杂性，我们很难明确地界定出哪些因素对大学毕业生就业后的创新创业行为起到作用或起到什么作用。因为评价创业教育的效果和绩效不仅要看专业知识，更关键的是要看大学生的创新创业认知和行为的转变，而这些转变很难用一套客观的指标来加以衡量。本课题首先基于毕业 5 年内的大学生探析在校创新创业教育经历对其未来职业发展，尤其是职业满意度和创新度的影响，然后从在校大学生的创新创业需求导向出发，试图从大学生视角，从政府、社会、企业、学校及自身在创新创业教育中的投入感知、过程及外显和内隐的绩效，全过程地对创新创业教育绩效进行评价。当然，任何一种评价机制都相对主观，在未来需进一步以“实践性”“应用性”和“效益性”等为评价导向，将短期指标与长期指标结合、效益增长与能力提升结合、定性评价与定量评价结合。

当然，没有科学的评价机制作为基础，创新创业教育工作的反馈与调整也很难达到动态性、科学性和有效性。

（四）研究小结

本研究首先针对已毕业的大学生，以问卷法对其在校创新创业教育经历对职业发展的影响进行了实证检验。基于 175 份问卷分析结果显示：高校的创新创业教育会正向影响大学生未来职业满意度和创新度。大学生在校经历中的专业知识学习、校外实习、素质拓展、第二课堂、参加各类竞赛等经历都会正向影响其未来的职业发展。在“双创”背景下，在创新创业教育日益重要的今天，专业知识的学习仍然是基础。如果大学生在校期间合理利用时间，在学好相关课程知识的同时，积极参加实习、兼职等各种活动，增加课外知识积累，不但有助于大学生顺利毕业和就业，更能提高大学生未来职业的满意度和工作中的创新能力，进而促进区域创新。

本研究在探析创新创业教育经历对职业发展影响的基础上，进一步以在校大学生为研究对象，基于大学生评价视角，以 IPO 为工具，开发创新创业教育绩效评价工具，以问卷法对其进行了创新创业教育环境与政策、绩效等内容的调查。对 348 份问卷的分析结果显示：大学生对创新创业教育的投入、过程和绩效评价都不是很高，创新创业教育投入会直接或通过教育过程的中介间接影响教育绩效。

本研究以在校大学生为研究对象，对高校创新创业教育存在的主要问题进行了调查。结果显示高校创新创业教育存在创新创业教育宣传不到位、创新创业教育管理效率不高、创新创业教育评价反馈机制不健全等问题。

第三节 个体层次创新的实证检验

一、变量描述性统计分析

组织支持感、组织认同、结果期望和创新行为量表均为正向题，条目所获取的分值越大，则反映了参与研究的个体对所选择条目的同意程度就越高。组织支持感、组织认同、结果期望和创新行为等变量的基本描述性统计数据如表 5-43 所示。

表 5-43 大样本测试个体层面变量描述性统计数据

	N	极小值	极大值	均值	标准差	偏度		峰度	
	统计量	统计量	统计量	统计量	统计量	统计量	标准误	统计量	标准误
A1	512	1.00	5.00	3.5352	1.01973	−0.385	0.108	−0.228	0.215
A2	512	1.00	5.00	3.4453	1.13860	−0.336	0.108	−0.547	0.215
A3	512	1.00	5.00	3.5527	1.01897	−0.422	0.108	−0.195	0.215
A4	512	1.00	5.00	3.6895	1.03332	−0.515	0.108	−0.185	0.215
A5	512	1.00	5.00	3.4902	1.04306	−0.410	0.108	−0.227	0.215
A6	512	1.00	5.00	3.5098	1.07266	−0.236	0.108	−0.452	0.215
A7	512	1.00	5.00	3.5020	1.04310	−0.389	0.108	−0.248	0.215
A8	512	1.00	5.00	3.3965	1.09840	−0.451	0.108	−0.377	0.215
A9	512	1.00	5.00	3.3242	1.06554	−0.373	0.108	−0.222	0.215
A10	512	1.00	5.00	3.7246	0.97941	−0.655	0.108	0.094	0.215
A11	512	1.00	5.00	3.6758	0.94897	−0.513	0.108	0.002	0.215
A12	512	1.00	5.00	3.6973	0.99714	−0.411	0.108	−0.333	0.215
B1	512	1.00	5.00	3.7520	0.93789	−0.445	0.108	−0.326	0.215
B2	512	1.00	5.00	3.7305	0.96596	−0.459	0.108	−0.387	0.215
B3	512	1.00	5.00	3.7344	0.99300	−0.423	0.108	−0.443	0.215
B4	512	1.00	5.00	3.9355	0.96400	−0.752	0.108	0.130	0.215
B5	512	1.00	5.00	3.8887	1.04184	−0.714	0.108	−0.153	0.215
B6	512	1.00	5.00	3.9043	0.97554	−0.633	0.108	−0.233	0.215
C1	512	1.00	5.00	3.7246	1.10343	−0.544	0.108	−0.468	0.215

续表

	N	极小值	极大值	均值	标准差	偏度		峰度	
	统计量	统计量	统计量	统计量	统计量	统计量	标准误	统计量	标准误
C2	512	1.00	5.00	3.7695	1.09151	−0.557	0.108	−0.517	0.215
C3	512	1.00	5.00	3.7988	1.12634	−0.538	0.108	−0.681	0.215
C4	512	1.00	5.00	3.6992	1.09766	−0.443	0.108	−0.660	0.215
C5	512	1.00	5.00	3.7051	1.01309	−0.438	0.108	−0.480	0.215
C6	512	1.00	5.00	3.7324	0.98357	−0.422	0.108	−0.349	0.215
C7	512	1.00	5.00	3.7988	0.98945	−0.501	0.108	−0.398	0.215
C8	512	1.00	5.00	3.8203	1.01599	−0.634	0.108	−0.175	0.215
C9	512	1.00	5.00	3.7461	1.00973	−0.482	0.108	−0.325	0.215
D1	512	1.00	5.00	3.5937	0.99263	−0.490	0.108	−0.099	0.215
D2	512	1.00	5.00	3.6895	1.00451	−0.510	0.108	−0.251	0.215
D3	512	1.00	5.00	3.6758	0.98738	−0.465	0.108	−0.250	0.215
D4	512	1.00	5.00	3.6406	0.95072	−0.435	0.108	−0.323	0.215
D5	512	1.00	5.00	3.6758	1.03951	−0.443	0.108	−0.482	0.215
D6	512	1.00	5.00	3.6445	0.81005	−0.774	0.108	0.219	0.215

从表 5-43 的数据可以看出，组织支持感、组织认同、结果期望和创新行为等量表的每一个问题所得到的分数的平均值都在 3 至 4 之间，反映了本研究的研究对象对组织支持感、组织认同、结果期望和创新行为等态度均在不确定（3）到有些同意（5）之间。每个条目的偏度值体现了组织支持感、组织认同、结果期望和创新行为量表每个条目所获取的分数与每个条目所得到的平均值二者之间的关系。峰度值反映了条目得分的差异状况，如果组织支持感、组织认同、结果期望和创新行为等量表条目的峰度值得数为正，反映了该条目所取得的分数比较散，该条目所取得的分数的最大值和最小值之间的差距很大；如果该条目所取得的分数小于零，则反映出该条目所取得的分数值属于比较平坦的分布。本研究中组织支持感、组织认同、结果期望和创新行为等量表条目偏度的最大绝对值为 0.774，峰度绝对值最大为 0.681，且二者得分绝对值多数在 0 ～ 1 之间，条目得分分布符合正态分布，其统计特征符合样本本身的特征。从表 5-43 所示的各变量描述性统计表可以看出，观测变量得分符合正态分布，可以使用极大似然估计进行参数估计。

二、量表的信度和效度检验

（一）信度检验

运用SPSS 22对调查使用的组织支持感、结果期望等量表进行信度分析（表5-44），结果期望等总量表或各维度均具有比较好的一致性，其Cronbach's alpha系数均大于0.8。

表5-44 量表信度

量表名称	总量表、维度	题项数	Cronbach's alpha 系数
组织支持感	总量表	12	0.919
	情感支持	6	0.900
	工具支持	6	0.876
结果期望	总量表	9	0.923
	绩效提升	4	0.935
	人际关系提升	5	0.928
创新行为	总量表	6	0.892
组织认同	总量表	6	0.875

1. 组织支持感量表内部一致性

组织支持感量表的alpha值得数是0.919，表明该量表整体具有很好的信度。进一步分析内部一致性（表5-45）。

表5-45 组织支持感量表信度和内部一致性分析

题项 \ 分析	项已删除的刻度均值	项已删除的刻度方差铉	校正的项总计相关性	项已删除的alpha值
A1	39.01	70.047	0.643	0.913
A2	39.10	68.069	0.676	0.911
A3	38.99	68.605	0.735	0.909
A4	38.85	69.354	0.676	0.911
A5	39.05	68.731	0.708	0.910
A6	39.03	68.482	0.700	0.910

续表

题项 \ 分析	项已删除的刻度均值	项已删除的刻度方差铉	校正的项总计相关性	项已删除的alpha 值
A7	39.04	69.691	0.648	0.913
A8	39.15	68.740	0.665	0.912
A9	39.22	68.563	0.700	0.910
A10	38.82	70.787	0.626	0.913
A11	38.87	70.808	0.648	0.913
A12	38.85	71.657	0.557	0.916

从此项删除的alpha值看，去掉每一个条款都会带来Cronbach's alpha系数的下降，说明了该量表现有的条款都应保留下来，不应删除。该量表具有良好的信度和内部的一致性。

2. 结果期望量表内部一致性

结果期望量表的alpha值得数是0.923，表明该量表整体具有很好的信度。进一步分析内部一致性（表5-46）。

表5-46 结果期望量表信度和内部一致性分析

题项 \ 分析	项已删除的刻度均值	项已删除的刻度方差铉	校正的项总计相关性	项已删除的alpha 值
C1	30.0703	43.698	0.712	0.916
C2	30.0254	43.481	0.739	0.914
C3	29.9961	43.029	0.745	0.913
C4	30.0957	43.750	0.713	0.916
C5	30.0898	44.133	0.754	0.913
C6	30.0625	44.587	0.742	0.914
C7	29.9961	44.736	0.725	0.915
C8	29.9746	44.878	0.690	0.917
C9	30.0488	44.759	0.705	0.916

从此项删除的alpha值看，去掉每一个条款都会带来Cronbach's alpha系数的下降，说明了该量表现有的条款都应保留下来，不应删除。该量表具有良好的信度和内部的一致性。

3. 组织认同量表内部一致性

从表 5-44 的数据可以看到，组织认同量表的 alpha 值得数是 0.875，表明该量表整体具有很好的信度。进一步分析内部一致性（表 5-47）。

表 5-47 组织认同量表信度和内部一致性分析

题项 \ 分析	项已删除的刻度均值	项已删除的刻度方差铉	校正的项总计相关性	项已删除的 alpha 值
B1	19.1934	16.105	0.571	0.871
B2	19.2148	15.261	0.674	0.854
B3	19.2109	15.036	0.683	0.853
B4	19.0098	14.992	0.718	0.847
B5	19.0566	14.782	0.676	0.854
B6	19.0410	14.713	0.750	0.841

从此项删除的 alpha 值看，去掉每一个条款都不会带来 Cronbach's alpha 系数的增加，说明了该量表现有的条款都应保留下来，不应删除。该量表具有良好的信度和内部的一致性。

4. 创新行为量表内部一致性

从表 5-44 的数据可以看到，创新行为量表的 alpha 值得数是 0.892，表明该量表整体具有很好的信度。进一步分析内部一致性（表 5-48）。

表 5-48 创新行为量表信度和内部一致性分析

题项 \ 分析	项已删除的刻度均值	项已删除的刻度方差铉	校正的项总计相关性	项已删除的 alpha 值
D1	18.3262	15.684	0.657	0.881
D2	18.2305	15.144	0.726	0.870
D3	18.2441	15.015	0.763	0.864
D4	18.2793	15.501	0.725	0.871
D5	18.2441	15.312	0.668	0.880
D6	18.2754	16.278	0.749	0.870

从此项删除的alpha值看，去掉每一个条款都不会带来Cronbach's alpha系数的增加，说明了该量表现有的条款都应保留下来，不应删除。该量表具有良好的信度和内部的一致性。

（二）效度检验

在分析结果期望等量表的效度前，先进行Bartlett的球形检验及KMO检验，组织支持感、组织认同、结果期望、创新行为四个量表的Bartlett的球形检验均显著，其KMO检验结果分别为0.861、0.901、0.899、0.901，四个量表均适合做因子分析。由于预测试中对各量表进行了探索性因子分析，正式测试数据运用AMOS做验证性因子分析（表5-49）。

表5-49　各量表验证性因子分析拟合指标　（N =512）

变量	χ^2/df	GFI	AGFI	NFI	CFI	IFI	PNFI	PCFI	RMSEA
组织支持感	2.789	0.969	0.933	0.973	0.983	0.983	0.531	0.536	0.059
组织认同	2.869	0.985	0.958	0.981	0.988	0.988	0.589	0.593	0.060
结果期望	2.496	0.973	0.953	0.983	0.990	0.990	0.710	0.715	0.054
创新行为	2.627	0.987	0.965	0.987	0.992	0.992	0.526	0.529	0.056

各量表的χ^2/df值均小于3，GFI、AGFI、NFI、CFI、IFI值都大于0.9，RMSEA值均小于临界值0.08，表明理论模型与测试数据的拟合效果很好。

三、假设检验

本研究采用温忠麟等提出的检验有调节的中介效应程序，先检验中介效应，再检验调节效应。①首先将因变量创新行为对自变量情感支持和工具支持（组织支持感的两个维度）、调节变量结果期望进行线性回归，看情感支持、工具支持的回归系数是否显著；②然后将中介变量组织认同对自变量情感支持和工具支持、调节变量结果期望进行回归，看情感支持、工具支持的回归系数是否显著；③再将因变量创新行为对自变量情感支持和工具支持、调节变量结果期望、中介变量组织认同进行回归，如果组织认同的回归系数显著的话，组织认同的中介效应就显著；④最后，将因变量创新行为对自变量情感支持和工具支持、调节变量结果期望、中介变量组织认同、组织认同与绩效提升的乘积、组织认同与人际关系提升的乘积进行回归，看中介变量组织认同与调节变量结果期望二个维度乘积的回归系数是否显著，如果显著，说明调节效应显著。

1. 中介效应检验

将因变量创新行为对自变量组织支持感的两个维度——情感支持和工具支持，调节变量结果期望的两个维度——绩效提升和人际关系提升，进行线性回归（表 5-50）。

表 5-50　组织支持感与创新行为回归分析

	创新行为模型 1			
指标	情感支持	工具支持	绩效提升	人际关系提升
βeta	0.240**	0.173**	0.387**	0.353**
T 值	7.090**	5.364	13.167	11.50
F 值	286.186			
R^2	0.693**			

注：** 代表 p<0.01，* 代表 p<0.05，N=512。

模型 1 以创新行为为因变量，情感支持和工具支持与创新行为的 βeta 分别为 0.240、0.173，模型的 R^2=0.693，均达到非常显著的水平（p<0.01），验证了假设 H1a 和 H1b。

将组织认同作为结果变量对自变量组织支持感的两个维度——情感支持和工具支持，调节变量结果期望的两个维度——绩效提升和人际关系提升，进行线性回归（表 5-51）。

表 5-51　组织支持感与组织认同回归分析

	组织认同模型 2			
指标	情感支持	工具支持	绩效提升	人际关系提升
βeta	0.300**	0.124**	0.264**	0.197**
T 值	6.395	2.762	6.474	4.617
F 值	86.873			
R^2	0.407**			

注：** 代表 p<0.01，* 代表 p<0.05，N=512。

模型 2 以组织认同为因变量，自变量情感支持和工具支持与组织认同回归的 βeta 值分别为 0.300、0.124，模型的 R^2=0.407，均达到非常显著的水平（p<0.01），验证了假设 H2a 和 H2b。

将因变量创新行为对自变量组织支持感的两个维度——情感支持和工具支持，调解变量结果期望的两个维度——绩效提升和人际关系提升，中介变量组织认同，进行线性回归（表 5-52）。

表 5-52 组织认同的中介效应分析

指标	创新行为模型 3				
	工具支持	情感支持	绩效提升	人际关系提升	组织认同
βeta	0.159**	0.205**	0.357**	0.331**	0.114**
T 值	4.948	5.915	11.808	10.675	3.604
F 值	236.959				
R^2	0.701**				

注：** 代表 p<0.01，* 代表 p<0.05，N=512。

模型 3 在模型 1 的基础上，将中介变量组织认同与和情感支持、工具支持同时作为自变量对创新行为进行回归，模型 3 的 R^2=0.701，方差解释量比模型 1 提高了 0.8%，组织认同与创新行为的 βeta 为 0.114，达到非常显著水平（p<0.01），验证了假设 H3。由于加入中介变量组织认同后模型 3 中的自变量情感支持和工具支持与因变量创新行为的 βeta 值虽然减少到 0.205、0.159，但回归结果仍然是显著的，说明中介变量组织认同对情感支持和工具支持与创新行为关系的中介效应显著，是部分中介而非完全中介，验证了假设 H4a 和 H4b。

2. 调节效应检验

将因变量创新行为对自变量组织支持感的两个维度——情感支持和工具支持，调节变量结果期望的两个维度——绩效提升和人际关系提升，中介变量组织认同，中介变量组织认同与调节变量结果期望两个维度的乘积，进行线性回归（表 5-53）。

表 5-53 调节效应回归分析

	创新行为模型 4						
指标	情感支持	工具支持	绩效提升	人际关系提升	组织认同	绩效提升乘积	人际关系提升乘积
βeta	0.201**	0.163**	0.373**	0.327**	0.122**	0.087**	-0.039
T 值	5.784	5.108	12.165	10.562	3.820	2.609	-1.173
F 值	172.039						
R^2	0.705*						

注：** 代表 p<0.01，* 代表 p<0.05，N=512。

模型 4 以创新行为为因变量，在模型 3 的基础上增加了绩效提升、人际关系提升与组织认同的乘积项检验调节效应。模型 4 的 R^2=0.705，比模型 3 的 R^2 提高了 0.4%，组织认同的回归系数由 0.114 提高到 0.122，说明加入调节变量后模型 4 解释的方差量有所提高，组织认同的中介效应增强。模型 4 中组织认同和绩效提升乘积项对创新行为回归的 βeta=0.087，达到非常显著水平（p<0.01），绩效提升在组织认同对情感支持与创新行为的中介效应关系中起到正向调节作用，验证了假设 H5a；组织认同和人际关系提升乘积对创新行为回归的 βeta=-0.039，未达到显著水平，假设 H5b 未得到证实，在一定程度反映组织成员对自己在组织中的结果期望首先趋向于绩效提升。

四、研究结论与管理启示

（一）主要结论

1）组织成员的组织支持感会直接正向影响创新行为，其中情感支持维度对组织成员创新行为的影响大于工具支持。随着经济增长方式的转变，科技的日益重要，社会保障制度的日趋完善，组织成员不会为了生计而整日奔波，他们更注重精神层面需求的满足，追求自由、尊重、自我实现感的实现，组织或上级的情感支持对他们的工作态度和行为的影响远远高于工具性支持。

2）组织成员的组织认同在组织支持感影响创新行为的过程中起到部分中介作用。对支持性工作环境的感知会正向影响组织成员的行为。同时，在高的组织支持感的基础上，将认知转化为对组织的情感，认为组织就是“我”，将进一步有利于喜欢追求自由自在的组织成员做出有利于组织的行为，促进其创新。

3）组织成员的绩效提升期望正向调节了组织认同对组织支持感影响创新行为的部分中介作用。结果期望的研究少见，在本研究中将其分为绩效提升和人际关系提升两个维度，并对量表进行了修订和检验。由于组织成员更关注自我发展，大多处于知识积累和知识创造的关键时期，他们非常注重自己未来的业绩和职业发展空间，导致他们在工作中更关注绩效提升的预期效果，而使人际关系提升期望的调节效应不显著。

（二）管理启示

1）基于组织成员的特征和心理需求，组织应在提高其物质待遇、完善晋升通道等工具性支持的同时，更加注意加强对他们的情感支持，完善员工援助计划，增强心理辅导，进而提升组织成员对组织支持性环境的认知。

2）提高组织成员的组织认同感，提升组织成员对组织的情感认同，使其个体利益与组织利益趋向一致。

3）构建创新导向的绩效评价体系。通过绩效的导向和激励功能激发组织成员的创新动机和持续的创新行为。

4）完善组织成员的职业生涯管理，帮助组织成员进行职业生涯规划、明确组织成员的结果期望。引导组织成员的结果期望与组织的创新目标趋同，并通过培训提升组织成员的综合素质和创新能力，推进其结果期望在组织中实现，进而激发其创新行为。

本研究存在样本量偏小、量表的效度和信度有待进一步验证、研究范围和层次局限等问题，对于组织认同对组织支持感与创新行为之间关系有调节的中介效应研究，需要进一步拓展深度和广度，使用跨期研究方法；对于在管理学研究领域还是较新概念的结果期望，将进一步研究其测量方法、前因变量和结果变量。

第六章

结论与讨论

第一节　研究结论

一、区域创新能力提升需要从多层次进行

创新是引领区域发展的第一动力。区域发展的动力要转换为创新驱动，区域对教育、研发等创新要素的投入，是区域驱动战略实施的保障，也是组织层次和个体层次创新的宏观背景。企业是创新的主体，整体推动可以使企业大胆开展变革与创新，提高创新效率，增强创新效果，获得更好的创新绩效提升。高校作为创新人才培养摇篮，通过创新创业教育为区域提供创新人才。个体是组织创新的源泉，组织支持、组织认同、创新型文化等策略都有利于个体在良好的氛围中大胆创新，更好地实现自我价值。因此，区域创新能力提升需要从区域、组织和个体等多层次进行。

二、人力资本投资正向影响区域创新能力

教育支出、研发支出等人力资本投资正向影响区域创新绩效。人力资本理论强调，应把人力资本的再生产看作是投资，而不是消费。人力资本的核心是提高人口质量，区域发展中人力资本的作用大于物质资本，人力资本投资与国民收入正相关，教育是提升区域人力资本最基本的手段。

三、知识流动和知识吸收能力正向影响区域创新能力

知识管理的关键在于推进知识的获取、共享与利用，让知识创造相应的效益。一方面，知识通过区域内技术市场交易发挥知识的溢出效应，技术市场成交额正向影响创新能力；另一方面，知识通过研发人员的吸收、整合并创造新的知识，研发人员数量正向影响区域创新能力。

四、知识权力氛围、知识共享共同影响企业创新绩效

本研究从组织层次上，结合运用自评和他评方法，以问卷法对组织的知识权力氛围、知识共享影响创新绩效的机制和原理进行了实证检验。个体的368份问卷聚合为67个组织层面的问卷数据分析结果显示：组织的奖赏权氛围一方面直接负向影响组织的创新绩效，另一方面通过知识共享的中介效应叠加，制约着组织的创新绩效。组织的配置权、影响力氛围一方面直接正向影响组织的创新绩效，另一方面通过知识共享的中介效应叠加，促进组织的创新绩效提升。

五、高校创新创业教育影响个体职业满意度和创新度

本研究针对已毕业的大学生，以问卷法对其高校创新创业教育对职业发展的影响进行了实证检验。175份问卷分析结果显示：高校创新创业教育会正向影响其职业满意度和创新度。

六、高校创新创业的教育投入、教育过程、教育绩效产出三者协同演进

本研究在探析创新创业教育经历对职业发展影响的基础上，进一步以在校大学生为研究对象，基于大学生评价视角，以IPO为工具，开发创新创业教育绩效评价工具，以问卷法对创新创业教育环境与政策、绩效等内容进行了调查。348份问卷分析结果显示：大学生对创新创业教育的投入、过程和绩效评价都不是很高，创新创业教育投入一方面直接影响创新创业教育绩效，另一方面通过教育过程的中介作用间接影响教育绩效。

七、组织支持感、组织认同共同作用于个体创新行为

本研究从个体层次上，针对组织成员，运用自评式方法，以问卷法对组织成员的组织支持感、组织认同如何影响其创新行为的机制和原理进行了实证检验。512 份问卷分析结果显示：组织成员的组织支持感会直接正向影响创新行为，同时，组织成员的组织支持感通过组织认同的部分中介作用间接影响其创新行为。另外，组织成员的绩效提升期望正向调节了组织认同对组织支持感影响创新行为的部分中介作用。

第二节　实践启示

区域发展的动力要转换为创新驱动，要依赖于个体和组织的知识积累、运用和创造来推动。企业是创新的主体，汇聚员工智慧、加强团队互动、知识共享都可以使企业大胆开展变革与创新，提高创新效率，增强创新效果，获得更好的创新绩效提升；高校作为人才培养的摇篮，通过创新创业教育提高个体的创新创业能力，激发个体的创新行为和组织的创新绩效。员工是组织创新的源泉，组织支持、组织认同、创新型文化等策略都有利于员工在良好的氛围中大胆创新，更好地实现自我价值。因此，对区域创新能力的提升既要从政府、企业和高校层面考虑，加大教育、研发等人力资本投资、树立良好的知识权力氛围，加快创新创业教育改革步伐，更要从个体的期望、需求满足层面考虑，多方齐动。前文的理论推演、模型构建、实证检验结果分析也证实了区域创新能力提升需要政府、企业、高校、个体多方联动（图 6-1）。

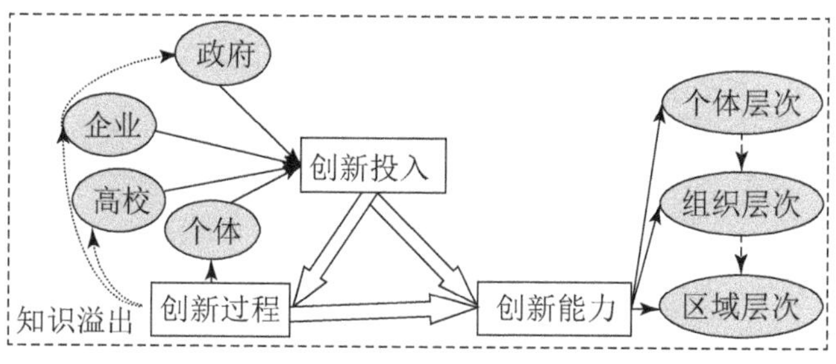

图 6-1　创新能力提升的多层次框架

一、政府加大人力资本投资，营造良好的创新环境

人是最重要的资源，对人力资本的投资会带来边际报酬递增效应。内生增长理论强调以人力资本投资为基础的技术进步是区域发展的重要源泉。进入21世纪，国家加大了研发、教育、卫生等民生支出，大大提升了人力资本的质量。2000年，全国创新人力资本投资为3458.3亿元，到2017年增长到47759.3亿元，是2000年的13.8倍。

从图6-2可以看出，东部地区创新人力资本投资远远高于中部和西部地区。2000年，东部地区创新人力资本投资为1474.32亿元，分别是中部地区和西部地区的2.68倍和2.88倍。2017年，东部地区创新人力资本投资为25471.58亿元，分别是中部地区和西部地区的2.43倍和2.46倍。各区域在加大创新人力资本投资的同时，国家应进一步向中西部地区，尤其是西部地区倾斜。

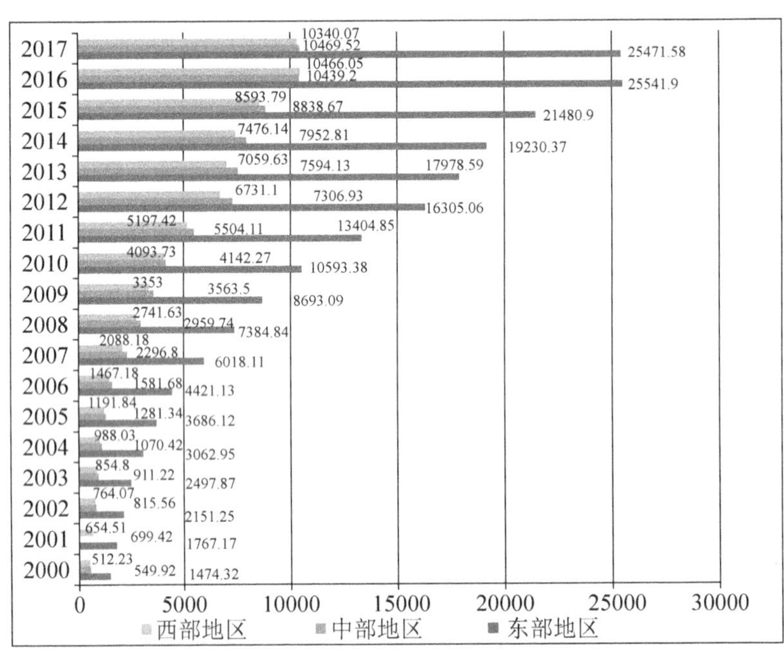

图6-2 2000—2017年东部、中部和西部地区创新人力资本投资

注：东部地区包括北京、天津、上海、河北、辽宁、江苏、浙江、福建、山东、广东和海南；中部地区包括山西、吉林、安徽、江西、河南、湖北、湖南、黑龙江；西部地区包括重庆、四川、贵州、云南、甘肃、宁夏、新疆、广西、内蒙古、青海、陕西。

（一）形成“国家+社会+企业”的多元化筹资渠道，加大对教育、研发等创新人力资本投资

发展多元化教育模式，形成国家、社会和个人共同参与教育投资的格局。在保证义务教育的基础上，使高中教育、职业技术教育、岗位培训教育和民族地区的民族教育等并进发展，并鼓励企业、社会组织加大继续教育和培训力度；通过税收、金融政策倾斜和引导，鼓励各类组织、个人投入研发。构建创新能力模型并以其为导向，通过财政、金融优惠政策引导高校、社会组织对区域内人才进行沟通能力、战略规划能力和创新能力的培训。

（二）加强外来人才的引进、使用和激励，促进区域创新

人才是社会文明进步、人民富裕幸福、国家繁荣昌盛的重要推动力量，是区域经济社会发展的重要资源。党的十九大报告中指出，“人才是实现民族振兴、赢得国际竞争主动的战略资源。要坚持党管人才原则，聚天下英才而用之，加快建设人才强国。”

2012 年，中共中央组织部、人力资源和社会保障部印发《国家特聘专家服务与管理办法》（组通字〔2012〕19 号）的通知，建立了“千人计划”引进人才“国家特聘专家”制度。2012 年 10 月，人力资源和社会保障部联合五部门印发《关于为外籍高层次人才来华提供签证及居留便利有关问题的通知》（人社部发〔2012〕57 号），提出中央、部门和地方各类重点引才计划可比照国家“千人计划”享受签证及居留特惠政策。2015 年，人力资源和社会保障部印发《关于做好留学回国人员自主创业工作有关问题的通知》，明确在国外接受高等教育并获得本科以上学历的留学回国人员比照国内高校毕业生，享受高校毕业生自主创业优惠政策。2015 年，中共中央组织部、人力资源和社会保障部、国家外专局印发《关于为外籍高层次人才来华提供签证及居留便利备案工作有关问题的通知》，将“回国（来华）定居工作专家项目”“北京市海外人才聚集工程”等 55 项省部级以上开展的海外高层次人才引进计划，纳入第一批全国重点海外高层次人才引进计划备案，在整体上解决了全国各地省部级以上海外高层次人才引进计划政策不一、办理人才签证居留难的现实难题。2017 年，中央出台了《国家海外高层次人才引进计划管理办法》（组通字〔2017〕9 号），

对“千人计划”的项目体系、资格条件、遴选程序、服务管理、组织实施等内容做出进一步规范。

全国各地区、各部门积极推行各类人才计划，如北京“海聚工程”、上海“千人计划”、江苏“双创计划”、湖北“黄鹤英才”、教育部“长江学者奖励计划”、人力资源和社会保障部“高层次留学人才回国资助计划”、中科院“百人计划”等。上海在大力引进外籍人才的同时，实施了“人才高峰工程行动方案”，对部分领域的高端人才进一步放宽落户条件。贵州《关于深化人才发展体制机制改革助推守底线走新路奔小康的实施意见》（黔党发〔2017〕8号）突出需求导向，注重精准引才；强化高水平创新创业人才团队的引进；采取挂职、兼职、担任荣誉职务等柔性引才方式；实施“百千万人才引进计划”“黔归人才计划”“黔灵访问学者计划”三大引才计划。《广西壮族自治区高层次人才认定办法（试行）》（桂办发〔2017〕36号）强调，高层次人才认定不受国籍、户籍限制，依其业绩和贡献、行业和社会认可的不同划分为五个层次。浙江省委、省人民政府印发了《高水平建设人才强省行动纲要》（2017年11月6日），提出打造“国际人才社区”，创建外国人才小镇，建立外国高层次人才担任重大项目主持人或首席科学家制度，落实外国人才永久居留管理制度。

自2017年以来，多个省市发布了人才引进新政，包括落户奖励、“零门槛落户”等措施，引才范围逐渐广泛，并非专门针对高层次人才或紧缺型的少量引进，多层次，以大学生为主。本科以上学历人才，均实现零门槛落户，户籍制度不再是城市人才资源流动的障碍。2018年，长沙、武汉、西安、郑州、合肥等城市均明确提出未来5年引才百万的目标（见表6-1）。按照这个目标，未来这些城市的人力资源将得到极大改善。

在引进人才时，依据区域产业结构、人才需求，注重创新型人才、技术型实用人才的引进，对引进的高端人才在住房、配偶就业、子女上学、科研等方面给予优惠；在引进高端人才后要人尽其职，职尽其能，使人才自身成长、价值实现和城市发展实现良性互动；同时完善以知识资本化为核心的激励机制，积极推进技术、管理入股，建立人才柔性流动机制，让城市尤其是城市群中的中心城市成为高端人才集聚、培训和交流中心。

表 6-1 2018 年部分城市引才规模

引才规模大的城市代表	政策表述
长沙	未来 5 年累计引进约 120 万名各层次人才
武汉	5 年内吸引 100 万大学生
西安	5 年引才育才 100 万名左右
郑州	每年引进约 21 万名
合肥	5 年吸引 100 万大学生在肥就业创业
海南	到 2020 年引进 20 万各类人才，到 2025 年实现“百万人才进海南”目标
沈阳	未来 5 年，吸引储备 70 万名大学毕业生在沈就业创业，及万名高精尖人才
南昌	未来 5 年累计引进约 63 万名各类人才

数据来源：中国产业发展研究网，http:// www.chinaidr.com/tradenews，2018-06-21.

二、知识权力氛围营造

（一）提升员工的组织认同感，推进知识所有权由“我的”转向“我们的”，化解组织内知识权力与创新的逻辑悖论

组织应通过营造良好的关系氛围，健全职业培训体系，加大授权力度，做好职业生涯管理等措施，提高员工对组织的认同度。知识拥有者对所属组织的认同度越高，就会从所属组织的立场去思考问题和实施行动，将主观感知的知识所有权由个体“我的”转化为组织“我们的”，并在组织内积极地推进知识共享，激发更多的创新行为，进而推动组织创新。

（二）科学评估知识转移费和知识权力损失，完善知识付费机制，基于利益交换机制推进感知知识所有权的转移

目前，针对公众的知识付费平台已逐步建立并日趋完善，涉及专业技能知识分享、读书分享等，如知乎、豆瓣、百度文库等。但绝大部分组织还未建立知识付费机制。因此，厘清组织内知识付费的对象、依据、标准对组织至关重要。组织应科学评估员工知识共享的权力损失，完善知识转移费的付费机制，让员工拥有的知识由“独占”转向“共享”，充分发挥知识的溢出效应。

（三）实施动态的知识管理策略，推进组织创新

企业资源观将知识当作组织最重要的战略资源，梅森等认为，知识共享则是知识管理最重要的过程。组织中的知识独占与知识共享两种对立状态实现完全均衡在现实中不可能实现，随着组织和员工的不断动态博弈，有时偏向独占，有时偏向共享。因此，组织应随着情境的变化实施动态的知识管理策略。

三、高校－企业－政府三元互动的创新创业教育改革

随着大学教育由精英化转向大众化，生源竞争日趋激烈，毕业生就业日益严峻。如何在国内外激烈的竞争环境中生存和发展，已经成了高校亟待解决的战略问题。要以“创新创业”为导向，加快高校人才培养模式改革，实现人才培养与市场需求的有效对接，使教育更具针对性和有效性。创新创业教育，既需要政府扶持政策，也需要诱导政策；既需要社会和政府的关注，也需要高校的关注，更需要大学生自身关注，形成政府、高校、社会、学生四位一体的支持体系（图 6-3）。

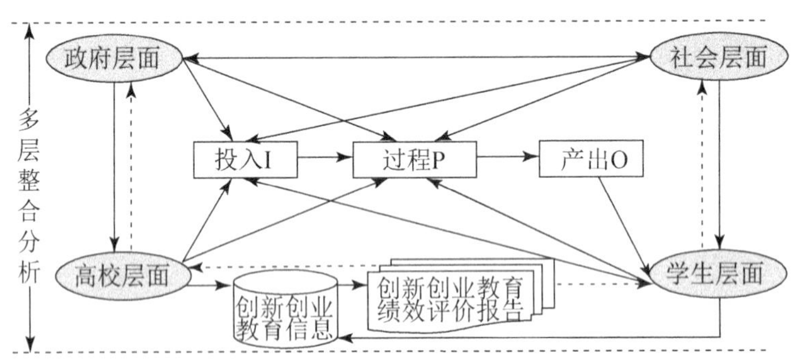

图 6-3　创新创业教育策略整合分析框架

（一）学生层面

1. 增强创新创业认知，明确在创新创业教育中的角色定位

美国社会心理学家戴维•迈尔斯认为，态度－行为之间相互作用、相互影响：态度会影响行为，行为反过来也会影响态度。大学生对创新创业的认知

影响着他们对自身角色的认知，决定着他们日常的学习和生活等行为，也影响他们未来的就业和职业发展。

角色认同理论强调个体在特定场域内对某一特定角色特征、规范、行为的认知、感受、体验过程。按照角色认同的定义，我们将其分为角色认知、角色态度、角色行为、角色满意度四个部分。角色认知指学生对其在创新创业教育中扮演角色的责任、权利与利益，解决“我在创新创业教育中是什么”的问题；角色行为指社会所规定的行为要求和行为模式，包括法律、条例、制度、守则、道德、时尚、习俗等各种成文或不成文的规范，解决“我在创新创业教育中做什么”的问题；角色态度指在学生在角色行为中的心理准备和学习意识，解决“我愿不愿意做”的问题。创新创业自我效能感指个体对自己是否有能力为完成某一行为所进行的推测。角色满意度指角色行为后的心理满足感。大学生应依据自己的职业锚，明确职业发展目标，提升创新创业的认知和自我效能感，助力未来的职业发展。

基于角色认同模型（图 6-4），在创新创业教育中，作为学习的行动主体首先要对创新创业教育有一个全面的了解和认知，清楚界定自己的角色，然后基于自身实际，确立自己对履行角色的态度，尤其是创新创业学习自我效能感，实现“心动”。然后基于学习自我效能感，表现出一系列的行为，实现“行动”。通过自身行为结果的评判，确立自己对角色履行的心理满足感和满意度，再次“心动”。不同的满意度又会调整学生对自身角色的认知、态度和行为，进而进一步提升满意度，周而复始，通过不断良性循环，使其对创新创业教育认知、态度、行为和满意度不断提升，进而提升创新创业教育绩效。

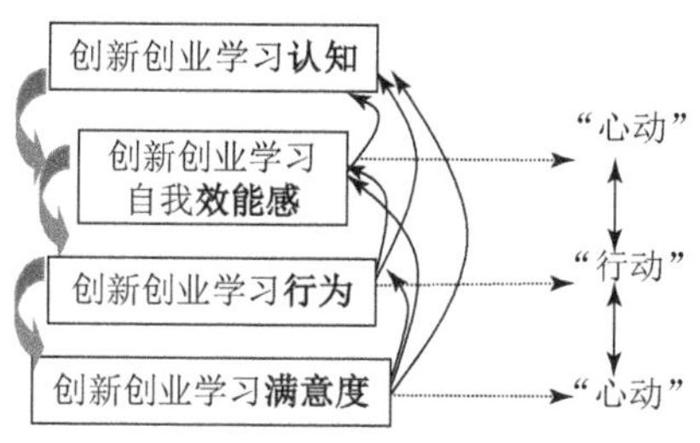

图 6-4　学生在创新创业教育中角色认同模型

2. 加大投入，提升以专业知识为基础的创新创业能力

（1）创新创业能力模型

本次调研中，有181名已毕业的大学生认为创新创业能力首先体现为专业能力，有174名在校大学生认为创新创业能力还应体现为组织规划能力和人际交往能力等。基于国内外研究成果和对本次调研资料的分析，我们认为大学生的创新创业能力应包括以知识和技能为基础的专业能力，以社会关系为基础的人际能力，以组织、规划、执行为基础的组织能力，以创新创业自我效能感为基础的心理能力，这些创新创业能力与未来职业发展紧密相连，可以通过培训与教育加以提升，并构建出创新创业能力模型（图6-5）。

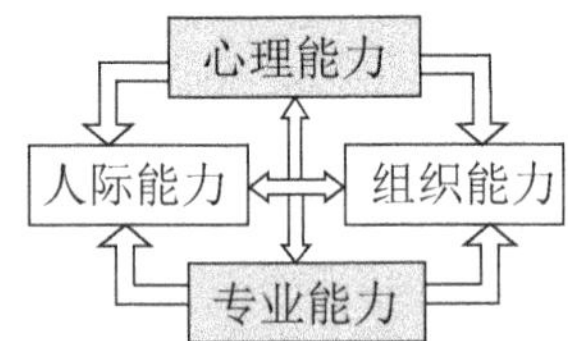

图6-5 创新创业能力的四维互动模型

创新创业能力模型反映了社会、用人企业及大学生对个体能力的需求。专业能力是大学生创新创业的基础，专业能力的高低，直接影响就业和职业发展；人际能力、组织能力、心理能力从人际层面、运作层面、心理层面对大学生能力提出了要求，三者的拥有和提升有利于增加个体的专业能力，也有利于个体不断寻求新资源、利用资源突破，进行创新创业。

（2）职业生涯规划与创新创业能力提升

在知识经济时代，知识成为国家、组织和个人保持竞争力的核心因素。对大学生而言，首先要是一个知识拥有者，然后在面临急剧变革和弹性化管理时，才能从容应对，做创新型人才。为了更好的职业发展，基于职业生涯规划，大学生不仅要有获得职业的能力，还要有适应变化的创新创业能力。

图6-6反映了终身学习过程中创新创业能力的形成和提升过程。在终身学习范畴内，大学生首先进入第一阶段——职业准入，在这一阶段，雇佣企业需要对大学生职业准入所需的基础知识、专业技能等进行审核。一旦就业成功，大学生的身份发生转变，进入到第二阶段——职业发展，这一时期，是创新创业能力发挥作用的关键时期。一旦职业目标与就业者的目标不一致，就进入第

三阶段——职业转换。在创新驱动发展战略背景下，不管是第一阶段、第二阶段还第三阶段的职业转换，都离不开以创新创业能力作为支撑，当然，在这个螺旋上升的过程中，就业者的创新创业能力在持续学习、对话式的学习推动下，也得到持续提升。

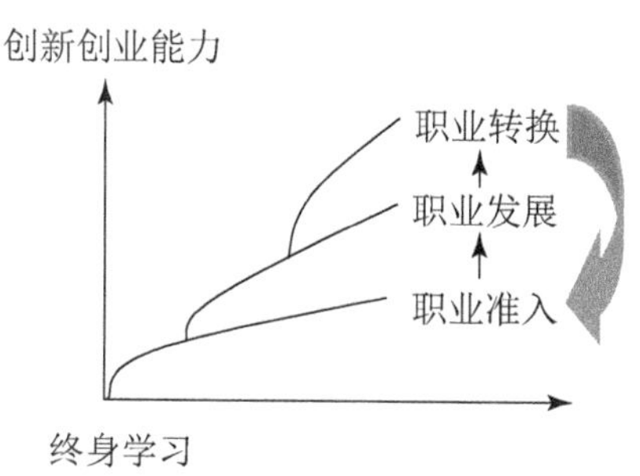

图 6-6　基于职业生涯的创新创业能力发展

（二）高校层面

高校是为国家培养高素质人才的主阵地，应该以社会、市场和学生的需求为导向，以大学生创新创业能力提升为目标进行高校人才培养模式改革，促进大学生未来职业发展，使高校更好地履行人才培养职能。

1. 以创新创业能力提升为目标，科学构建实践教学体系

新时代人才必须具有复合的知识结构和较强的综合决策能力、综合执行能力、创新创业能力。高校创新创业教育应该是全覆盖、全方位、全过程的全景式教学。从参与面看，高校创新创业教育应该覆盖所有高校、所有专业、所有学生及所有课程；从教学方式看，应基于专业需求的不同，将创新创业教育融入公共基础课程、专业基础课程、专业主干课程、专业选修课程、专业拓展课程、专业实训课程等六大模块，采用创新创业单项课程与实践、专业课程与创新创业课程融合教学与实践、跨专业课程与创新创业课程融合教学与实践，形成“6+4”的全方位创新创业教育模式；从教学环节看，将创新创业教育融入课堂教学、实践教学、实验教学、社会调研、科学研究、专业实习、综合实习、毕业论文等八个环节，形成四年不间断、全过程的创新创业教育体系。

2. 推行联合培养计划，提供创新创业培训和实践平台

联合培养计划由美国辛辛那提大学首创，强调高校与企业共同努力，将力量整合，共同办学，让大学生将代理性学习与亲历性学习有机结合，将理论与实践结合，提升专业能力。高校应通过“走出去”“引进来”等方式推行联合培养计划，与企业共同促进大学生创新创业能力的培养，为企业提供创新型人才。一是让学生“走出去”。在对在校大学生的调查中，大学生期望企业支持创新创业，排在首位的是期望企业提供创新创业培训，其次是给予资金帮扶，然后是提供实践平台，提供兼职机会等。高校应主动与当地企业积极对接与合作，高校为对接企业提供新发明、新方案、新思路，企业为学生提供兼职、实践平台，实现产学互动。二是引进企业的实践导师。在我们的调研中，在校大学生最期望的创新创业教育课程是创新创业技能和创新创业实践，最期望采取的方式是创业模拟和实践导师指导。因此，高校应与企业在人才培养方面加强合作，推行“双师制”，聘请更多的实践导师，在本科生和研究生中全面推广。

3. 以项目为载体，发挥科研创新团队的创新创业教育功能

基于创新创业教育，将创新创业贯穿于课程开设、科研项目、毕业论文的全过程中。在一、二年级时，开设创新创业必修课、选修课程，为创新创业教育打好理论基础；三年级时，鼓励大学生申请学校、省级创新创业项目，参与教师科研创新团队研究，参与企业生产实践，鼓励学生管理自己的研究团队；四年级时，基于专业，围绕创新创业训练，有机地将毕业论文与创新创业项目、实训课程进行整合，并允许学生提前撰写论文或完成创新创业项目。为鼓励各层次科研创新团队吸收学生，按学生参与、训练程度给相关教师计算工作量，为鼓励学生参与积极性，可以量化得分，折合为学分，计入总学分。这样，使创新创业运用多种方式贯彻于大学教学全过程，充分调动师生的主观能动性。

4. 翻转课堂，发挥第二课堂的创新创业教育功能

高校应改变过去轻实践、重理论，轻能力、重知识，轻应用、重分数的培养机制，在关注社会需求的基础上对专业和课程动态调整，将理论与实践、基础与前沿、学校与社会结合起来。第二课堂既可以采用线上方式，也可以采用线下方式。在传统代理性教学的基础上，运用雨课堂、云班课等线上方式充分吸引学生参与到教学、研究或相关专业竞赛中。可以充分利用各种创新创业导师资源，聘请校友、创业家、知名学者、各领域成功人士举办“成功经验分享会”“创业者论坛”“学者讲坛”等，传播创新创业理念、传授创新创业技能、传递学科发展的前沿动态，让学生在参与中学习、思考中成长。

（三）企业层面

1. 产学互动，为在校大学生提供创新创业培训和实践平台

在对在校大学生的调查问卷中，大学生期望企业支持创新创业，排在首位的是期望企业提供创新创业培训，出现频次为224，占比为64%；其次是给予资金帮扶，出现频次为220；然后是提供实践平台，出现频次为200；提供兼职机会出现频次为121。要求高校与当地企业积极对接与合作，高校为对接企业提供新发明、新方案、新思路，企业为学生提供兼职、实践平台，实现产学互动，共同促进大学生创新创业能力的培养，为企业提供创新型人才。

2. 履行社会责任，企业人士参与高校创新创业教育，担任实践导师

在调研中，在校大学生最期望的创新创业教育课程是创新创业技能和创新创业实践，最期望采取的方式是创业模拟、实践操作和实践导师指导。因此，高校应与企业在人才培养方面加强合作，推行“双师制”，聘请更多的实践导师，在本科生和研究生中全面推广；课程设计和教学中引入企业创新创业人员进行创新创业教育和实践操作，将专业课与创新创业教育深度融合。

（四）政府层面

1. 以“创新创业”为导向，进一步深化教育体制改革，实现教育供给与市场需求的对接

政府相关职能部门作为高校资源的掌控者，控制着高校的人力、物力和财力资源，也规划着高校的整体发展方向和目标。在教育体制改革中，应加大对高校优势学科，尤其是创新创业相关学科和课程的财力、人力和物力投入力度，从源头上支持高校的创新创业教育；教育部门应进一步改革传统的教

学评估指标体系和教师职称评定条件，将重心由科研成果转向创新创业能力、实践能力培养，并与高校、用人企业、社会组织合作，制订系统的就业力框架、模型及相应的培养和评估策略。同时，政府应加强劳动力市场需求的调研，动态预测、分析和评价高等教育管理的效率和效益，有效地消除大学生的结构性失业。

2. 构建和完善创新创业教育管理系统，对大学生创新创业教育、就业和职业发展实施动态监管

依托大数据和现代信息技术，建立科学的管理系统，动员企业、高校、大学生及时更新信息，掌握一手资料，通过信息系统实现信息资源共享，加强政府对大学生创新创业情况、就业、职业发展等方面的动态监测和管理（图6-7）。

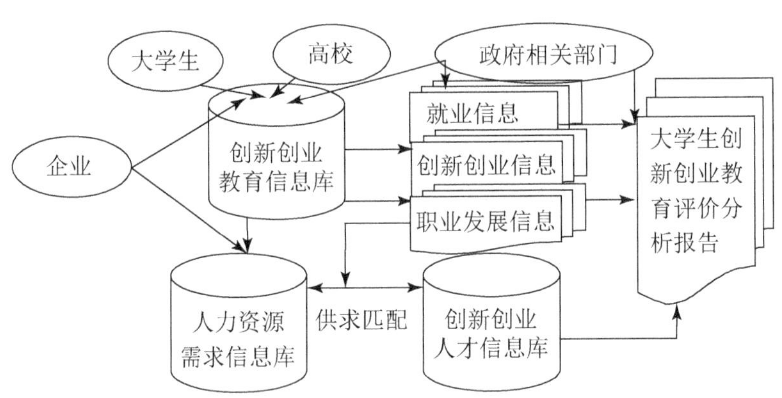

图 6-6 大学生就业管理和监测系统

基于信息系统和大数据，对创新创业教育的需求和供给进行精准匹配，对创新创业教育绩效进行科学、动态的评价，对大学生就业、创新创业及职业发展进行追踪分析，动态调整管理制度与策略，提升创新创业教育管理效率。

第三节　研究不足与未来展望

一、研究不足

从研究对象和数量看，由于本研究中组织层面研究在甘肃省情境下，样本量和研究对象偏少。基于小样本量的实证分析结果可能会使研究模型的各项拟合指数值不高，研究结果在实际运用中也会出现一定的局限性。在后续的研究中应进一步扩大研究范围，提高研究成果的普适性和代表性。

从研究内容和视角看，本研究在个体层次上基于组织支持感—组织认同—创新行为，组织层次上基于知识权力氛围—知识共享—创新绩效的两个路径对组织成员的创新行为激发进行研究，有一定的局限性。因为组织成员创新行为的影响因素涉及组织、团队、个体层次的多种因素，在一个研究中很难全部考虑。

本研究存在样本量偏小，研究范围和层次局限，结果期望、知识权力氛围、知识共享等量表的效度和信度有待进一步验证等问题，对于知识权力氛围、组织支持感如何激发创新行为，还应进一步拓展深度和广度，使用跨期研究方法；对于在企业管理研究领域还是较新概念的知识权力氛围、结果期望，将进一步研究其测量工具、前因变量和结果变量，拓展创新行为研究空间。

二、未来研究方向

员工的创新行为对组织生存、创造和创新能力具有非常重要的意义（Nonaka，1991；Amabile，1996 ）。对员工的各种行为研究是一个复杂而漫长的过程。结合目前实践中对组织创新绩效、员工创新行为等管理需求以及前文论述的研究缺陷，依托国家自然科学基金项目《知识权力氛围影响科技人员创新行为的跨层次研究》，拟在以下几方面进行突破和深入探讨。

（一）进一步拓展员工行为研究范围

在社会交换理论、激励理论、社会认同理论基础上的员工创新行为、组织公民行为等研究已取得丰硕成果，但对知识权力氛围影响创新行为的作用机理等研究成果不太多见。从员工个体层面的认知、积极情绪等心理因素如何共同作用于个体创新行为的机理研究还很欠缺，还存在哪些新的中介变量、调节变量需要深入研究。

（二）知识权力氛围量表的修订和检验

知识权力氛围在管理学研究领域还是一个较新的概念，其内涵、测量都是全新的探索。本研究将知识权力氛围维度确定为奖赏权、配置权和影响力三个维度，是否全面涵盖了该变量的全部内容，还需要进一步探索。因此，在今后的研究中继续就知识权力氛围的量表进行跨行业、跨年龄甚至跨国别研究。针对本研究的结果，对知识权力氛围量表采用螺旋式的方法多次深入访谈、修订、验证，提升其信度和效度，扩大量表的适用范围。作为心理认知过程，知识权力氛围受到成长环境、家庭氛围、社会文化等多重因素影响。同时作为一种认知结果，又会影响到其行为。因此，后续研究中，需要进一步研究知识权力氛围的前因变量和结果变量。

（三）研究对象、范围的拓展

本研究从个体层次、组织层次、区域层次全方位分析区域创新能力提升的路径和机制。个体创新是组织创新的基础，组织创新则是区域创新的源泉。本研究通过区域层次创新能力模型、组织层次创新绩效模型、个体层次创新行为激发模型构建，在对模型实证检验的基础上，提出相应的管理策略。本研究结果将使管理者更准确地理解区域创新能力提升的多层次作用机制和路径，为个体创新行为激发、组织创新绩效改善、区域创新能力提升提供一定的思路借鉴，指导具体的创新实践，实现区域经济和社会的整体进步。本次研究结果是否具有普适性还有待检验。区域创新能力提升是否还受到其他因素的影响，如何影响，还有待进一步深化研究。

（四）员工行为的跨期和配比研究

个体创新作为区域创新的主体，其创新行为激发受哪些因素的影响，以及知识权力氛围与创新行为、创新资源投资与创新绩效等变量之间的因果关系研究、知识共享、组织认同的中介效应研究等，可以以时间和空间为维度进行扩散，提升研究的深度和广度。尤其是通过跨期研究的方式对知识权力氛围、创新行为进行比对分析，更能凸显不同变量之间的因果关系及作用机制，使我们更深入理解个体行为。由于条件限制，本研究对创新行为测量时采用自我报告法。虽然，自我报告法在测量个体行为时为许多学者所用（Penney and Spector，2005；Mulki、Fernando、Locander，2006），其获取的数据不是最精确的，却是组织行为和人力资源管理研究中最有效的方法（张燕和陈维政，2012），但是存在一定的社会称许性、心理暗示及共同方法差异问题。在后续研究中尽可能将记录法、他人报告法、自我报告法结合使用，采用配对研究，最大限度避免各种方法的缺陷。

附录

附录 1　知识权力氛围调查问卷（预测试）

您好：

感谢您对本研究的支持与合作！本问卷主要是为了解组织知识权力氛围的基本情况。每份问卷都采用匿名的方式，您提供的资料我们将绝对保密，我们承诺只从整体对问卷进行统计分析，调查结果将仅仅用于科学研究，不会给贵企业和您个人带来任何不良影响。希望您能抽出一点宝贵时间，根据您的想法，真实和客观地填写。

第一部分：基本信息

A1．您的性别：1. 男　2. 女

A2．您的年龄：1. 30 岁以下　2. 31 ～ 40 岁　3. 41 ～ 50 岁　4. 50 岁以上

A3．您的文化程度：1. 大专及以下　2. 大学本科　3. 硕士及以上

A4．在现企业工作年限：1. 10 年以下　2.11 ～ 20 年　3. 21 ～ 30 年　4. 30 年以上

第二部分：知识权力氛围调查

表中：1= 完全不同意　2= 有些不同意　3= 不确定　4= 有些同意　5= 完全同意，请单选。

例：我完全同意“在我们企业，拥有越多知识的员工可以获取越多的工资”，请在分值 5 前划 √ 或将 5 刷红。

A1	在我们企业，拥有越多知识的员工可以获取越多的工资	1	2	3	4	5
A2	在我们企业，拥有越多知识的员工可以获取越多的奖金	1	2	3	4	5
A3	在我们企业，拥有越多知识的员工可以获取越多的福利	1	2	3	4	5
A4	在我们企业，拥有越多知识的员工可以得到越多的分红	1	2	3	4	5
A5	在我们企业，拥有越多知识的员工有更多的晋升机会	1	2	3	4	5
A6	在我们企业，拥有越多知识的员工有越多时间创造新知识和新技术	1	2	3	4	5
A7	在我们企业，拥有越多知识的员工有越多时间使用新知识和新技术	1	2	3	4	5
A8	在我们企业，拥有越多知识的员工能支配越多资金研发新技术、新产品	1	2	3	4	5
A9	在我们企业，拥有越多知识的员工能使用越多设备研发新技术、新产品	1	2	3	4	5
A10	在我们企业，拥有越多知识的员工越能获得更多的信息研发新技术、新产品	1	2	3	4	5
A11	在我们企业，拥有越多知识的员工越容易组建研发团队	1	2	3	4	5
A12	在我们企业，拥有越多知识的员工有越多的机会从事挑战性工作	1	2	3	4	5
A13	在我们企业，拥有越多知识的员工越能影响周围同事的行为	1	2	3	4	5
A14	在我们企业，拥有越多知识的员工越能影响企业的发展	1	2	3	4	5
A15	在我们企业，拥有越多知识的员工越能获得领导的赏识	1	2	3	4	5
A16	在我们企业，拥有越多知识的员工越能获得领导的信任	1	2	3	4	5

附录 2 员工创新行为激发调查问卷

您好：

感谢您对本研究的支持与合作！本问卷主要是为了解员工创新行为激发的基本情况。每份问卷都采用匿名的方式，您提供的资料我们将绝对保密，我们承诺只从整体对问卷进行统计分析，调查结果将仅仅用于科学研究，不会给贵企业和您个人带来任何不良影响。希望您能抽出一点宝贵时间，根据您的想法，真实和客观地填写。再次表示感谢！

第一部分：基本信息

A1．您的性别：1. 男　2. 女

A2．您的年龄：1. 30 岁以下　2. 31 ～ 40 岁　3. 41 ～ 50 岁
　4. 50 岁以上

A3．您的文化程度：1. 大专以下　2. 大专　3. 大学本科　4. 硕士及以上

A4．在现企业工作年限：1. 不满 3 年　2. 4 ～ 10 年　3. 11 ～ 20 年
　4. 21 ～ 30 年　5. 30 年以上

A5．您的职务：1. 普通员工　2. 部门主管　3. 高层管理者

A6．您所在的企业：1. 研究机构　2. 高校　3. 企业　4. 其他

第二部分：员工创新行为激发调查

下面是一些有关您自己和工作企业的陈述，请按照每项陈述与自己实际情况的吻合程度打钩，如果有的问题让您感到比较模糊，请不必反复推敲，只要按照自己的第一感觉填写就行。如果是电子问卷，请您将同意的分值涂成红色

或在分值前划√。问卷的每个题项都是单选，不要多选，也不要遗漏。

表中：1= 完全不同意　2= 有些不同意　3= 不确定　4= 有些同意　5= 完全同意，请单选。

例：我完全同意"企业关心我的福利"，请在分值 5 前划√或将 5 刷红。

1	企业关心我的长远发展	1	2	3	4	5
2	企业关心我的个人感受	1	2	3	4	5
3	企业原谅我的无心之过	1	2	3	4	5
4	在工作中遇到困难时，企业会帮助我	1	2	3	4	5
5	在生活中遇到困难时，企业会帮助我	1	2	3	4	5
6	企业尊重我的个人价值	1	2	3	4	5
7	企业重视我的贡献	1	2	3	4	5
8	企业关心我的福利	1	2	3	4	5
9	企业接受我提出的工作建议	1	2	3	4	5
10	企业为我提供良好的工作环境和条件设施	1	2	3	4	5
11	企业为我提供工作所需的人员和资讯支持	1	2	3	4	5
12	企业为我提供工作所需的培训或相关支持	1	2	3	4	5
13	越富有创新精神，我的工作绩效会越高	1	2	3	4	5
14	提出创造性的想法可以帮助我更好地完成工作	1	2	3	4	5
15	工作中进行越多的创新，我就可以获得越多的绩效	1	2	3	4	5
16	如果经常提出新方法，我所在企业会有更高的绩效	1	2	3	4	5
17	获得越多的创新资源，我在组织中就会获得更多人的尊重	1	2	3	4	5
18	探寻新的技术或方法将使我看起来更受欢迎	1	2	3	4	5
19	参与到新想法的实施中去，将提高我在组织中的印象	1	2	3	4	5
20	我提出达成目标的新方式，将有助于提高主管对我的评价	1	2	3	4	5
21	经常参与创新构想的实施，我的同事们将更愿意与我相处	1	2	3	4	5
22	我很想了解别人如何评价我所在的企业	1	2	3	4	5
23	我所在企业的成功就是我的成功	1	2	3	4	5

续表

24	当听到别人批评我所在的企业时，我感觉就像是在批评我自己	1	2	3	4	5
25	当谈起我所在的企业时，我经常说“我们”	1	2	3	4	5
26	发现新闻媒体批评我所在的企业，我会感到尴尬	1	2	3	4	5
27	当听到别人称赞我所在的企业时，我感觉就像是在称赞我一样	1	2	3	4	5
28	我善于寻求解决问题的新主意和方法	1	2	3	4	5
29	针对创新方案，我能制订具体实施计划	1	2	3	4	5
30	我会寻求资源推动新想法的实现	1	2	3	4	5
31	我会与他人沟通寻求创新机会	1	2	3	4	5
32	工作中我会尝试新挑战和新技术	1	2	3	4	5
33	总体来看，我具有创新意识	1	2	3	4	5

再次感谢您的参与和合作！

附录3　知识权力氛围与创新绩效关系问卷

您好：

感谢您对本研究的支持与合作！本问卷主要是为了解知识权力氛围影响创新绩效的基本情况。每份问卷都采用匿名的方式，您提供的资料我们将绝对保密，我们承诺只从整体对问卷进行统计分析，调查结果将仅仅用于科学研究，不会给贵企业和您个人带来任何不良影响。希望您能抽出一点宝贵时间，根据您的想法，真实和客观地填写。再次表示感谢！

第一部分：基本信息

A1．您的性别：1. 男　2. 女

A2．您的年龄：1. 30岁以下　2. 31～40岁　3. 41～50岁　4. 50岁以上

A3．您的文化程度：1. 大专及以下　2. 大学本科　3. 硕士及以上

A4．在现企业工作年限：1. 10年以下　2. 11～20年　3. 21～30年　4. 30年以上

A5．您的身份：1. 普通员工　2. 科技人才　3. 部门主管　4. 高层管理者

A6．您所在的企业：1. 科研院所　2. 高校　3. 企业　4. 金融机构　5. 其他

第二部分：知识权力氛围、企业创新绩效调查

下面是一些有关工作企业的陈述，请按照每项陈述与实际情况的吻合程度打钩，如果有的问题让您感到比较模糊，请不必反复推敲，只要按照自己的第一感觉填写就行。如果是电子问卷，请您将同意的分值涂成红色或在分值前划√。问卷的每个题项都是单选，不要多选，也不要遗漏。

表中：1= 完全不同意　2= 有些不同意　3= 不确定　4= 有些同意　5= 完全同意，请单选。

例：我完全同意“在我们企业，拥有越多知识的员工可以获取越多的工资”，请在分值 5 前划 √ 或将 5 刷红。

A1	在我们企业，拥有越多知识的员工可以获取越多的工资	1	2	3	4	5
A2	在我们企业，拥有越多知识的员工可以获取越多的奖金	1	2	3	4	5
A3	在我们企业，拥有越多知识的员工可以获取越多的福利	1	2	3	4	5
A4	在我们企业，拥有越多知识的员工有更多的晋升机会	1	2	3	4	5
A5	在我们企业，拥有越多知识的员工有越多的时间创造新知识和新技术	1	2	3	4	5
A6	在我们企业，拥有越多知识的员工能支配越多的资金研发新技术、新产品	1	2	3	4	5
A7	在我们企业，拥有越多知识的员工能使用越多的设备研发新技术、新产品	1	2	3	4	5
A8	在我们企业，拥有越多知识的员工越能获得更多的信息研发新技术、新产品	1	2	3	4	5
A9	在我们企业，拥有越多知识的员工越能调动更多的人	1	2	3	4	5
A10	在我们企业，拥有越多知识的员工越能影响周围同事的行为	1	2	3	4	5
A11	在我们企业，拥有越多知识的员工越能影响企业的发展	1	2	3	4	5
A12	在我们企业，拥有越多知识的员工越能获得领导的赏识	1	2	3	4	5
B1	在我们企业，同事间愿意相互分享各自通过培训获得的新知识、新技能	1	2	3	4	5
B2	在我们企业，同事间愿意相互分享各自获得的信息	1	2	3	4	5
B3	在我们企业，同事间愿意相互分享各自过去经历中的知识、技能和经验	1	2	3	4	5
B4	在我们企业，同事间经常交流新观点、新看法	1	2	3	4	5
B5	在我们企业，同事间经常相互询问某方面专长、技能	1	2	3	4	5
C1	与同行相比，本企业能够迅速运用新方法解决问题	1	2	3	4	5
C2	与同行相比，我们企业新产品开发速率较快	1	2	3	4	5
C3	与同行相比，我们企业新产品开发成本较低	1	2	3	4	5
C4	与同行相比，我们企业创新项目成功率较高	1	2	3	4	5
C5	与同行相比，我们企业专利申请数量较多	1	2	3	4	5
C6	与同行相比，我们企业会依据客户要求改变服务项目	1	2	3	4	5
C7	与同行相比，我们企业积极采取可以改善绩效的新政策	1	2	3	4	5

再次感谢您的参与和合作！

附录 4　高校创新创业教育与职业发展状况调查

亲爱的同学：

您好！感谢您对本研究的支持与合作！本问卷旨在对大学生在校创新创业教育经历与职业发展状况进行调查。每份问卷都采用匿名的方式，您提供的资料我们将绝对保密，只从整体对问卷进行统计分析，调查结果将仅仅用于科研，不会给您个人带来任何不良影响。恳请您能抽出一点宝贵时间，根据您的想法，真实和客观地填写，每项问题没有标准答案，也无对错之分。

一、基本信息

1. 你的性别（　　）

A. 男　　B. 女

2. 您的年龄（　　）

A. 20 岁以下　　B. 21 ～ 24　　C. 25 ～ 28　　D. 29 岁以上

3. 您的月薪（　　）

A. 3000 以下　　B. 3001 ～ 5000　C. 5001 ～ 6500　D. 6500 以上

4. 您毕业学校：（　　）

A. 专科院校　　B. 普通本科院校　　C. 211、985 重点院校

5. 你的专业大类（　　）

A. 哲学类　　B. 经济学类　　C. 法学类　　D. 教育学类

E. 文学类　　F. 历史学类　　G. 理学类　　H. 工学类

I. 农学类　　J. 医学类　　K. 管理学类　　L. 艺术学类　　M. 其他

6. 您的最高学历（　　）

A. 专科　　B. 本科　　C. 硕士研究生　　D. 博士研究生

7. 您的就业情况（　　）

A. 已就业　　B. 待就业　　C. 申请不就业

8. 您的就业企业性质（　　）

A. 政府或事业企业　　B. 国有或国有控股企业

C. 民营、外资、合资企业　　D. 个体工商户及其他

9. 您所就业的城市（　　）

A. 一线城市　　B. 二线城市　　C. 三线城市　　D. 四线城市

E. 其他

10. 您的毕业时间（　　）

A. 即将毕业　　B. 毕业 1 年

C. 毕业 1 ～ 3 年　　D. 毕业 3 年及以上

二、在校创新创业教育经历与职业发展状况调查

表中：1= 完全不同意　2= 有些不同意　3= 不确定　4= 有些同意　5= 完全同意，请单选。

例：我完全同意“我在校期间认真学习，取得良好的学习成绩”，请在分值 5 前划 √ 或将 5 刷红。

1	我在校期间认真学习，取得良好的学习成绩	1	2	3	4	5
2	我在校期间广泛阅读，拓展了自己的知识面	1	2	3	4	5
3	我在校期间考取了相关的专业资格证书	1	2	3	4	5
4	我在校期间通过参加专业实习增加工作能力	1	2	3	4	5
5	我在校期间与外部人员经常联系	1	2	3	4	5
6	我在校期间通过兼职锻炼自己	1	2	3	4	5
7	政府加大了创新创业教育投入力度	1	2	3	4	5
8	学校加大了创新创业教育投入	1	2	3	4	5
9	学校课堂教学中融入了一定的实践教学内容	1	2	3	4	5
10	学校宣传过创新创业理念	1	2	3	4	5
11	课程内容涉及一定的创新创业教育内容	1	2	3	4	5
12	学校出台过创新创业教育相关的制度	1	2	3	4	5
13	学校举办过创新创业大赛	1	2	3	4	5

续表

14	在校期间老师培养和提升学生的创新创业能力	1	2	3	4	5
15	我对当前工作很满意	1	2	3	4	5
16	我对当前工作稳定性很满意	1	2	3	4	5
17	我对所在企业工作环境很满意	1	2	3	4	5
18	我对所在企业工作报酬很满意	1	2	3	4	5
19	我善于寻求解决问题的新主意和方法	1	2	3	4	5
20	针对创新方案，我能制订具体实施计划	1	2	3	4	5
21	我会寻求资源推动新想法的实现	1	2	3	4	5
22	我会与他人沟通寻求创新创业机会	1	2	3	4	5
23	工作中我会尝试新挑战和新技术	1	2	3	4	5
24	总体来看，我具有创新创业意识	1	2	3	4	5

再次感谢您的参与和合作！

附录 5　高校创新创业教育绩效问卷调查

亲爱的同学：

您好！感谢您对本研究的支持与合作！本问卷旨在对高校创新创业教育需求、绩效进行调查。每份问卷都采用匿名的方式，您提供的资料我们将绝对保密，只从整体对问卷进行统计分析，调查结果将仅仅用于科研，不会给您个人带来任何不良影响。恳请您能抽出一点宝贵时间，根据您的想法，真实和客观地填写，每项问题没有标准答案，也无对错之分。

一、基本信息（第一部分，1～11 题为单选题）

1. 你的性别（　　）

A. 男　　B. 女

2. 您所在的年级（　　）

A. 大一　　B. 大二　　C. 大三　　D. 大四

E. 研究生

3. 您觉得您的性格（　　）

A. 比较保守　　B. 一般　　C. 比较冒险

4. 您家庭居住地（　　）

A. 大城市　　B. 中等城市　　C. 县城　　D. 农村

5. 您所在学校（　　）

A. 甘肃政法学院　　B. 其他（请写出）

6. 您的专业（　　）

A. 经济学大类　　B. 管理学大类　　C. 法学大类　　D. 文学大类

E. 工学大类　　F. 理学大类　　G. 艺术学大类　　H. 其他（请写出）

7. 您对创新创业概念的认识（　　）
A. 开办一个公司或企业　　B. 开发一项创新项目
C. 开创一份事业　　D. 能赚钱的工作
E. 其他（请写出）
8. 您对大学生创业的看法是什么（　　）
A. 完全不赞同　B. 有些不赞同　C. 不了解　D. 有些赞同
E. 完全赞同
9. 您有没有想过要创业（　　）
A. 完全没想过　B. 很少想过　C. 不了解　D. 偶尔想过
E. 经常想
10. 您认为大学生创新创业最需要哪方面的支持（　　）
A. 家庭　B. 朋友　C. 合作伙伴　D. 政府部门
E. 学校
11. 如果您有创业的想法，是来源于（　　）
A. 学校影响　B. 社会舆论　C. 政府宣传
D. 家庭或朋友的影响　E. 企业影响　F. 其他（请写出）

二、创新创业教育环境与政策（第二部分，12～23题可多选，最多选3项）
12. 您认为大学生创新创业过程中最大的障碍会是（　　）
A. 资金不足　B. 没有好的项目　C. 个人能力欠缺　D. 家人反对
E. 风险承受能力不足　F. 其他（请写出）
13. 你认为对大学生创新创业教育的最好方法是（　　）
A. 请成功人士讲授经验　B. 设立大学生创业基金
C. 到创业成功企业实地考察　D. 设立创业启动项目
E. 参加创新创业大赛　F. 建立校企联合创新创业基地
G. 新闻媒体多宣传成功创业人士的经验和案例
H. 其他（请写出）
14. 你所在学校在教学或课程设置的哪些方面体现了创新创业教育（　　）
A. 开设了创新创业必修课或选修课　B. 有类似创新创业的指导机构
C. 有创新创业实践基地　D. 经常邀请创业专业人士来校演讲

E. 邀请专业人士开设课程　　F. 邀请专业人士担任导师

G. 其他（请写出）

15. 您所在学校从哪些方面对大学生创新创业进行指导和帮助（　　）

A. 提供创新创业心理培训　　B. 提供创新创业实践平台

C. 提供创新创业资金资助　　D. 提供创新创业可行性分析

E. 协助创新创业手续办理　　F. 其他（请写出）

16. 您参加过学校哪些创新创业教育方面的实践活动（　　）

A. 技能比赛　　B. 演讲论坛　　C. 校外实习　　D. 基地实训

E. 项目拓展训练　　F. 其他（请写出）

17. 您认为大学生创新创业应具备哪些能力（　　）

A. 较强的专业知识　　B. 组织策划能力

C. 创新创业自我效能感　　D. 沟通与人际交往能力

E. 风险识别能力　　F. 市场洞察力

G. 风险控制能力　　H. 抗压能力

I. 其他（请写出）

18. 如果学校开设创新创业教育的课程，您更期望哪些方面（　　）

A. 市场营销　　B. 财务税收

C. 创新创业技能　　D. 风险识别与控制

E. 创新创业实践　　F. 其他（请写出）

19. 您期望学校创新创业教育课程授课方式是（　　）

A. 讲座、案例分析　　B. 创业模拟　　C. 咨询答疑

D. 实践操练　　E. 创业比赛　　F. 其他（请写出）

20. 国家近年来出台了许多政策加强大学生创业教育、扶持大学生创业项目，您的看法是（　　）

A. 国家政策很给力，创新创业前景好

B. 我认为政策可能给我带来好处

C. 我已经切身感受到了政策带来的好处

D. 国家政策很好，但与我关系不大

E. 大学生创新创业不仅要依靠国家政策，还需要更多的社会力量关注

F. 国家应改善市场环境，让市场引导大学生创新创业

G. 其他（请写出）

21. 您期望政府颁布哪些政策来扶持大学生创新创业，选择最需要的三条（　　）

A. 税收优惠政策　　B. 审批手续的放宽

C. 风险评估成本的减免　　D. 免费的创业政策培训

E. 银行贷款优惠政策　　F. 相关法律的进一步完善

G. 灵活的毕业政策　　H. 其他（请写出）

22. 您期望企业如何支持大学生创新创业，选择最需要的三条（　　）

A. 给予资金帮扶　　B. 提供兼职机会

C. 给予创新创业指导　　D. 提供实践平台

E. 提供创新创业培训　　F. 其他（请写出）

23. 您期望社会如何支持大学生创新创业，选择最需要的三条（　　）

A. 加大社会舆论导向　　B. 树立、宣传创新创业典型

C. 免费创新创业培训　　D. 对创新创业给予更多的支持理解

E. 其他（请写出）

三、高校创新创业教育绩效调查

表中：1= 完全不同意　2= 有些不同意　3= 不确定　4= 有些同意　5= 完全同意，请单选。

例：我有些同意“学校持续地增加创新创业教育投入”，请在分值 4 前划√或将 4 刷红。

1	学校持续地增加创新创业教育投入	1	2	3	4	5
2	社会各界给大学生创新创业提供了更多的资源	1	2	3	4	5
3	政府加大了创新创业教育投入力度	1	2	3	4	5
4	企业给予大学生更多的创新创业实践机会	1	2	3	4	5
5	我花了更多的时间和精力在创新创业方面	1	2	3	4	5
6	学校课堂教学中融入了创新创业实践教学内容	1	2	3	4	5
7	学校课程内容涉及一定的创新创业教育内容	1	2	3	4	5
8	学校出台过创新创业教育相关的制度	1	2	3	4	5
9	学校举办过创新创业相关的比赛	1	2	3	4	5

续表

10	学校进行过创新创业辅导和政策讲解	1	2	3	4	5
11	我经常在媒体上看到关于创新创业的报道	1	2	3	4	5
12	社会对大学生创新创业更加理解和支持	1	2	3	4	5
13	国家出台了许多政策鼓励大学生创新创业	1	2	3	4	5
14	高等教育改革明确了创新创业导向	1	2	3	4	5
15	企业给予了大学生更多的创新创业实践平台	1	2	3	4	5
16	经常听到创新创业成功人士的演讲	1	2	3	4	5
17	社会上关于创新创业能力培训越来越多	1	2	3	4	5
18	我善于寻求解决问题的新主意和新方法	1	2	3	4	5
19	针对创新方案，我能制订具体实施计划	1	2	3	4	5
20	我会寻求资源推动新想法的实现	1	2	3	4	5
21	我会与他人沟通寻求创新创业机会	1	2	3	4	5
22	我认识到创新型人才需求的迫切	1	2	3	4	5
23	学习中我会尝试新挑战和新方法	1	2	3	4	5
24	总体来看，我具有创新创业意识	1	2	3	4	5
25	我擅长组织各类活动	1	2	3	4	5
26	我善于与他人打交道	1	2	3	4	5
27	我擅长在复杂的环境中发现问题	1	2	3	4	5
28	我擅长在压力下快速解决问题	1	2	3	4	5
29	我在学校设计过活动方案	1	2	3	4	5
30	我的专业知识学得比较好	1	2	3	4	5
31	我在学校参加过创新创业相关的比赛	1	2	3	4	5
32	我在学校撰写过创新创业相关的论文	1	2	3	4	5
33	我在学校参与过创新创业相关的实践活动	1	2	3	4	5

再次感谢您的参与和合作！

参考文献

[1] Anonymous. Sharing knowledge, sharing Experiences[J]. The Cattleman, 2016, 103(1): 89-97.

[2] Angela D. Miller, Erin M. Ramirez, Tamera B. Murdock. The influence of teachers' self-efficacy on perceptions: Perceived teacher competence and respect and student effort and achievement[J]. Teaching and Teacher Education, 2017, 64: 260-269.

[3] Baer M, Frese M. Innovation is not enough: Climates for initiative and psychological safety, process innovations, and firm performance[J]. Journal of Organizational Behavior, 2003, 24(1): 45-68.

[4] Bandura, A. Self-efficacy: Toward a unifying theory of behavioral change[J]. Psychological review, 1977, 84(2): 191.

[5] Barsade, S. G. The ripple effect: Emotional contagion and its influence on group behavior[J]. Administrative Science Quarterly, 2002, 47: 644-675.

[6] Bernhard Kittel, Georg Kanitsar, Stefan Traub. Knowledge, power, and self-interest[J]. Journal of Public Economics, 2017, 150: 39-52.

[7] Blake, P. The future of knowledge management[J]. Information Today, 2000, 15(1): 12-13.

[8] Cantner U, Meder A, Terwal A L. Innovator networks and region knowledge base[J]. Technovation, 2010, 30(9): 496-507.

[9] Ortner C N M, Corno D, Fung T Y, et al. The roles of hedonic and eudaimonic motives in emotion regulation[J]. Personality and Individual Differences, 2018, 120: 405-411.

[10] Constant D, Kiesler S, Sproull L. What's mine is ours, or is it? A study of attitudes about information sharing[J]. Information Systems R esearch, 1994, 5(4): 400-421.

[11] Cornelia Herbert, Klaus Hesse, Dirk Wildgruber. Emotion and self in psychotic disorders: behavioral evidence from an emotional evaluation task using verbal stimuli varying in

emotional valence and self-reference[J]. Journal of Behavior Therapy and Experimental Psychiatry, 2018, 58: 86-96.

[12] Corner P D, Pavlovich K. Shared value through inner knowledge creation[J]. Journal of Business Ethics, 2016, 135(3): 543-555.

[13] Crossan M M, Lane H W, White R E. An organizational learning framework: From intuition to institution[J]. Academy of Management Review, 1999, 24(3): 522-537.

[14] Cyert R M, March J G. A behavioral theory of the firm[M]. NY: Prentice Hall, Englewood Cliffs, 1963.

[15] Davenport T H , Prusak L. Working knowledge: How organizations manage what they know[M]. Boston: Harvard Business School Press, 1998.

[16] Hormiga E, et al. The influence of entrepreneurial orientation on the performance of academic research groups: The mediating role of knowledge sharing[J]. The Journal of Technology Transfer, 2017, 42(1): 10-32.

[17] Evan J M, Hendron M G, Oldroyd J B. Withholding the ace: The individual- and unit-level performance effects of self-reported and perceived knowledge hoarding[J]. Organization Science, 2015, 26(2): 494-510.

[18] Ford C. M. A theory of individual creative action in multiple social domains[J]. Academy of Management Review, 1996, 21(4): 1112-1142.

[19] Franco M, Haase H. Failure factors in small and medium-sized enterprises: Qualitative study from an attributional perspective[J]. International Journal of Entrepreneurship Management, 2010, 6(4) : 503-521.

[20] Furman J L, Porter M E, Stern S. The determinants of national innovative capacity[J]. Research Policy, 2002, 31(6): 899- 933.

[21] George J M , Zhou, J. Understanding when bad moods foster creativity and good ones don't: The role of context and clarity of feelings[J]. Journal of Applied Psychology, 2002, 87: 687-697.

[22] Gebauer J E, Riketta M, Broemer P, et al. Pleasure and pressure based prosocial motivation: Divergent relations to subjective well-being[J]. Journal of Research in Personality, 2008, 42(2): 399-420.

[23] Gibson C B, Earley P C. Collective cognition in action: Accumulation, interaction,

examination and accommodation in the development and operation of group efficacy beliefs in the workplace[J]. Academy of Management Review, 2007, 32:438-458.

[24] Gopal C , Gadnon J. Knowledge, information, learning and IS manager[J]. Computer world, 1995, 29(25): 1-7.

[25] Gordon R, Grant D. Knowledge management or management of knowledge? Why people interested in knowledge management needs to consider foucault and the construct of power [J]. Journal of Critical Postmodern Organization Science, 2004, 3(2):27-38.

[26] Hansen M T. Knowledge networks: Explaining effective knowledge sharing in multiunit companies[J]. Organization science, 2002, 13(3): 232-248.

[27] Hendriks P. Why share knowledge? The influence of ICT on the motivation for knowledge sharing[J]. Knowledge and process management, 1999, 6(2):91-100.

[28] Homsma G J, Dyck C V, Gilder D D, et al. Learning from error: The influence of error incident characteristics[J]. Journal of Business Research, 2009, 62(1): 115-122.

[29] Infield N. Capitalizing on knowledge[J]. Information World Review, 1997, 130: 22-30.

[30] Lind J T, Rohner D. Knowledge is power: A theory of information, income and welfare Spending[J]. Economica, 2017, 84(336): 611-646.

[31] Wipawayangkool K, Teng J T C. Paths to tacit knowledge sharing: Knowledge internalization and individual-task-technology fit[J]. Knowledge Management Research & Practice, 2016, 14(3): 309-318.

[32] Kruizinga E, Heijst G, Spek R. Knowledge infrastructure and intranets[J]. Journal of Knowledge Management, 1997, 1(1): 27-32.

[33] Kuhn, T. The structure of scientific revolution[M]. Chicago: University of Chicago Press, 1970.

[34] Laberis, B. One big pile of knowledge[J]. Computer world, 1998, 32(5): 97.

[35] Aknin L B, Van d V J W, Hamlin J K. Positive feelings reward and promote prosocial behavior[J]. Current Opinion in Psychology, 2018, 20: 55-59.

[36] Hodgins M, Dadich A. Positive emotion in knowledge creation[J]. Journal of Health Organization and Management, 2017, 31(2): 162-174.

[37] Stenius M, Haukkala A, Hankonen N, et al. What motivates experts to share? A prospective

test of the model of knowledge - sharing motivation[J]. Human Resource Management, 2017, 56(6): 871-885：

[38] Mischel W, Shoda Y. A cognitive-affective system theory of personality: Reconceptualizing situations, dispositions, dynamics, and invariance in personality structure. Psychological Review, 1995, 102: 246-268.

[39] Yasir M, Majid A. Impact of knowledge management enablers on knowledge sharing[J]. World Journal of Entrepreneurship, Management and Sustainable Development, 2017, 13(1): 16-33

[40] Neubert M J, Kacmar K M, Carlson D S, et al. Egulatory focus as a mediator of the influence of initiating structure and servant leadership on employee behavior[J]. Journal of Applied Psychology, 2008, 93 (6) : 1220-1233.

[41] Nonaka I, Tackeuchi H. The Knowledge creating company: How Japanese company create the dynamics of innovation[M]. New York: Oxford University Press, 1995.

[42] Peng H. Why and when do people hide knowledge?[J]. Journal of Knowledge Management, 2013, 17(3): 398-415.

[43] Pierce J L, Rubenfeld S A, Morgan S. Employee ownership: A conceptual model of process and effects[J]. Academy of Management Review, 1991, 18(1): 121-144.

[44] Pierce J L, Kostova T, Dirks K T. Toward a theory of psychological ownership in organizations[J]. Academy of Management Review, 2001, 26(2): 298-310.

[45] Pierce J L, Kostova T, Dirks K T. The state of psychological ownership: Integrating and extending a century ofresearch[J]. Review of General Psychology, 2003, 7(1): 84-107.

[46] Rastogi P N. The nature and role of IC: Rethinking the process and value creation and sustained enterprise growth[J]. Journal of Intellectual Capital , 2003, 4(2): 227-248.

[47] Rechberg I, Syed J. Ethical issues in knowledge management: Conflict of knowledge ownership[J]. Journal of Knowledge Management, 2013, 17(6) : 828-847.

[48] Kleysen R F, Strect C T. Toward a multi-dimensional measure of individual innovative behavior[J]. Journal of Intellectual Capital, 2001, 2(3): 284-296.

[49] Scherer R, Hatlevik O E. “Sore eyes and distracted” or “excited and confident”? – The role of perceived negative consequences of using ICT for perceived usefulness and self-

efficacy[J]. Computers & Education, 2017, 115: 188-200.

[50] Schad J, Lewis M, Raischs, et al. Paradox research in management science: Looking back to move forward[J]. Academy of Management Annals, 2016, 10(1): 1-60.

[51] Scotte, B. The impact of peer mentoring on organizational knowledge creation and sharing[J]. Group and Organization Management, 2005, 30(3): 319-338.

[52] Shuzhen Gan, Jianfeng Yang, Xuhai Chen, et al. High working memory load impairs the effect of cognitive reappraisal on emotional response: Evidence from an event-related potential study[J]. Neuroscience Letters, 2017, 639: 126-131.

[53] Kearns S M, Creaven A M. Individual differences in positive and negative emotion regulation: Which strategies explain variability in loneliness?[J]. Personality and Mental Health, 2017, 11(1): 64-74.

[54] Belli S, Broncano F. Narratives of trust: sharing knowledge as a second-order emotion[J]. Human Affairs, 2017, 27(3): 241-251.

[55] Sveiby K E. The new organizational wealth: managing and measuring knowledge-based assets[M]. San Francisco, CA: Berrett-Koehler Publishers, 1997.

[56] Thomas W , Samaddar S. Post-modern management science: A likely convergence of soft computing and knowledge management methods[J]. Human Resource System, 2001, 20(4): 291-301.

[57] Yang, Jen-Te. Job-related knowledge sharing: Comparative case studies[J]. Journal of Knowledge Management, 2004, 8(3): 118-126.

[58] Shin Y, Kim J. Data-centered persuasion: Nudging user's prosocial behavior and designing social innovation[J]. Computers in Human Behavior, 2018, 80: 209-237.

[59] Kang Y T, Lee J Y, Kim H W. A psychological empowerment approach to online knowledge sharing[J]. Computers in Human Behavior, 2017, 74: 175-187.

[60] 彼德·圣吉 . 第五项修炼 : 学习型组织的艺术与实务 [M]. 上海 : 三联书店 , 1998.

[61] 陈晓萍 , 徐淑英 , 樊景立 . 组织与管理研究的实证方法 [M]. 北京 : 北京大学出版社 , 2012.

[62] 陈洁 , 陈张 , 方阳春 . 包容型氛围对科技人才创新行为的影响 [J]. 科研管理 , 2017, 38: 1-6.

[63] 陈妮娜 . 高校应用型创新人才培养模式中的第二课堂创业教育平台构建——以中央财经大学为例 [J]. 中央财经大学学报 , 2015(S1): 114-117.

[64] 陈荃 , 罗爱静 . 知识管理对提升区域创新能力的贡献研究 [J]. 情报理论与实践 , 2009(10): 23-25.

[65] 陈曦, 边恕, 范璐璐, 等 . 城乡社会保障差距、人力资本投资与经济增长 [J]. 人口与经济, 2018(04): 77-85.

[66] 蔡宗模 , 张海生 , 吴朝平 , 等 . "高质量发展" 对教育提出了什么要求——基于十九大报告的文本解读 [J]. 当代教育论坛 , 2018(06): 31-38.

[67] 曹广喜 , 姚奕 . 基于投影寻踪分类模型的中国区域创新能力评价研究 [J]. 技术经济与管理研究 , 2009(4): 21-23.

[68] 曹科岩 , 窦志铭 . 组织创新氛围、知识分享与员工创新行为的跨层次研究 [J]. 科研管理, 2015(12): 83-91.

[69] 曹勇 , 秦以旭 . 中国区域创新能力差异变动实证分析 [J]. 中国人口 . 资源与环境 , 2012(03): 164-169.

[70] 曹勇 , 向阳 . 企业知识治理、知识共享与员工创新行为——社会资本的中介作用与吸收能力的调节效应 [J]. 科学学研究 , 2014(01): 92-102.

[71] 陈波 . 逻辑哲学导论 [M]. 北京：中国人民大学出版社 , 2000.

[72] 储节旺 , 郭春侠 , 陈亮 . 国内外知识管理流程研究述评 [J]. 情报理论与实践 , 2007(06): 858-861.

[73] 储节旺 , 钱倩 . 基于词频分析的近 10 年知识管理的研究热点及研究方法 [J]. 情报科学 , 2014(10): 156-160.

[74] 党兴华 , 刘立 . 技术创新网络中企业知识权力测度研究 [J]. 管理评论 , 2014(06): 67-73.

[75] 董小英 , 蒋贵凰 , 刘倩倩 . 知识管理提升企业创新能力的实证研究 [J]. 清华大学学报 (自然科学版), 2006(S1): 956-963.

[76] 窦凯 , 刘耀中 , 王玉洁 , 等 . "乐" 于合作 : 感知社会善念诱导合作行为的情绪机制 [J]. 心理学报 , 2018(01): 101-114.

[77] 方胜强 . 高校毕业生就业满意度影响因素的实证分析 [J]. 安庆师范学院学报 (社会科学版), 2014, 33(06): 162-165.

[78] 高雪升，张剑，田茜．基于自我决定理论的创业教育体验式教学模式构建 [J]. 创新与创业管理，2017(02): 134-142.

[79] 高良谋，胡国栋．情感与计算：组织中的逻辑悖论及其耦合机制 [J]. 中国工业经济，2013(08): 96-108.

[80] 高桂娟，李丽红．高校创业教育实效性的评价与提升策略研究 [J]. 华东师范大学学报(教育科学版), 2016(2): 22-29.

[81] 高月姣，吴和成．创新主体及其交互作用对区域创新能力的影响研究 [J]. 科研管理，2015(10): 51-57.

[82] 葛崇勋．"校政企协同"：高校创新创业人才培养模式改革研究 [J]. 中国成人教育，2018(17): 72-75.

[83] 顾远东，彭纪生．创新自我效能感对员工创新行为的影响机制研究 [J]. 科研管理，2011(09): 63-73.

[84] 顾远东，仲为国，周文莉．研发人员的成败经历与创新行为的关系研究 [J]. 科研管理，2017, 38(07): 100-107.

[85] 关红辉．创新创业教育改革视域下高校实践教学有效性探析 [J]. 高教学刊，2016(24): 6-7.

[86] 郭献强，党兴华，刘景东．基于资源依赖视角下企业创新网络中知识权力的形成研究 [J]. 科学学与科学技术管理，2014(04): 136-145.

[87] 郭尉．知识异质、组织学习与企业创新绩效关系研究 [J]. 科学学与科学技术管理，2016(07): 118-125

[88] 何丹丹，郭东强．基于社会认知理论的移动社区个体知识贡献影响因素研究——以个人结果期望为中介 [J]. 情报理论与实践，2016, 39(09): 82-89.

[89] 侯鹏，刘思明．内生创新努力、知识溢出与区域创新能力——中国省级面板数据的实证分析 [J]. 当代经济科学，2013, 35(06): 14-24.

[90] 胡敏．知识权力观的历史演变与发展趋势 [J]. 科学技术哲学研究，2017, 34(01): 124-128.

[91] 蒋德勤．论高校创新创业教育质量评价体系建设 [J]. 创新与创业教育，2015, 6(06): 1-4.

[92] 蒋进，付焕森，李元贵．以创新创业为导向的项目化课堂教学研究 [J]. 黑龙江教育学院学报，2019, 38(03): 28-30.

[93] 蒋天颖，王峥燕，张一青．网络强度、知识转移对集群企业创新绩效的影响 [J]. 科研管理，2013(08): 27-34.

[94] 雷俊霞．创意产业集群知识共享的创新策略研究 [J]. 管理世界，2015(05): 180-181.

[95] 林陵娜，施建刚，唐代中．考虑知识隐藏的项目团队知识共享激励研究 [J]. 科研管理，2015, 36(5): 162-169.

[96] 李广龙．基于 PDCA 循环的大学生创新创业训练计划项目管理研究 [J]. 高教学刊，2016(24): 11-12.

[97] 李卫东，刘洪．研发团队成员信任与知识共享意愿的关系研究——知识权利丧失与互惠互利的中介作用 [J]. 管理评论，2014, 26(3): 128-138.

[98] 李滋阳，李国昊，王海军．基层工作角色实践视角下大学生创业教育模式优化研究 [J]. 高校教育管理，2018(06): 82-89.

[99] 林新奇，丁贺．人力资源管理强度对员工创新行为影响机制研究——一个被中介的调节模型 [J]. 软科学，2017, 31(12): 60-64.

[100] 刘晔，曲如杰，时勘，等．领导创新期待对员工根本性创新行为的影响：创新过程投入的视角 [J]. 南开管理评论，2016, 19(06): 17-26.

[101] 倪方钰．城市化，人力资本与区域创新能力——基于江苏省 13 个城市面板数据的实证研究［J］. 生产力研究，2012(10): 100-103.

[102] 潘伟，张庆普．感知的知识所有权对知识隐藏的影响机理研究——基于知识权力视角的分析 [J]. 研究与发展管理，2016(03): 25-35.

[103] 盛小平，曾翠．知识管理的理论基础 [J]. 中国图书馆学报，2010(05): 14-22.

[104] 宋典，袁勇志，张伟炜．创业导向对员工创新行为影响的跨层次实证研究——以创新氛围和心理授权为中介变量 [J]. 科学学研究，2011 (08): 1266-1273.

[105] 宋亚非，师展，冯殊伦．组织承诺、知识共享和个体创新行为的关系研究 [J]. 财经问题研究，2014(12): 137-143.

[106] 屠兴勇，张琪，王泽英，等．知识工作者内生动机、知识共享意愿与创造力 [J]. 科研管理，2017(10): 111-118.

[107] 王长峰．吸收能力与企业创新绩效 [J]. 技术经济与管理研究，2011(04): 31-34.

[108] 汪涛，丁雪，杜根旺．国内外区域创新能力研究综述与未来展望 [J]. 技术经济，2014(09): 43-48.

[109] 王重鸣，胡洪浩．创新团队中宽容氛围与失败学习的实证研究[J]. 科技进步与对策，2015(01): 18-23.

[110] 王士红，徐彪，彭纪生．组织氛围感知对员工创新行为的影响——基于知识共享意愿的中介效应[J]. 科研管理，2013(05): 130-135.

[111] 王亚洲，林健．人力资源管理实践、知识管理导向与企业绩效[J]. 科研管理，2014(02): 136-144.

[112] 王楠，张立艳，王洋．创新自我效能感对创新行为的影响：多重中介效应分析[J]. 心理与行为研究，2016, 14(06): 811-816.

[113] 王辉，常阳．组织创新氛围、工作动机对员工创新行为的影响[J]. 管理科学，2017, 30(03): 51-62.

[114] 王占仁．高校创新创业教育观念变革的整体构想[J]. 中国高教研究，2015(7): 75-78.

[115] 魏守华，禚金吉，何嫄．区域创新能力的空间分布与变化趋势[J]. 科研管理，2011(04): 152-160.

[116] 吴岩．新创企业网络能力对创新能力的影响研究——基于知识管理能力的中介作用[J]. 科学学研究，2014(08): 1218-1226.

[117] 郗婷婷．高校创业教育效果评价文献综述[J]. 商业经济，2018(11): 166-168.

[118] 邢朝霞，何艺宁．大学毕业生就业满意度与其影响因素的相关性分析[J]. 教育学术月刊，2013(12): 42-46.

[119] 徐建中，冷单．知识管理视角下企业核心竞争力的提升模式及战略选择研究[J]. 中国科技论坛，2011(12): 60-65.

[120] 徐维艳，汪志南，王平心．基于粗糙集理论的大学生就业满意度统计分析[J]. 淮阴工学院学报，2017, 26(05): 96-100.

[121] 徐英，白华．高校创新创业教育绩效评价研究[J]. 创新与创业教育，2014, 5(02): 29-33.

[122] 严成樑，龚六堂．熊彼特增长理论：一个文献综述[J]. 经济学(季刊), 2009, 8(3): 1163-1196.

[123] 杨俊祥，和金生．知识管理内部驱动力与知识管理动态能力关系研究[J]. 科学学研究，2013(02): 258-265.

[124] 于松梅，杨丽珠．米契尔认知情感的个性系统理论述评[J]. 心理科学进展，2003(02):

197-201.

[125] 殷姿 . 基于社会网络视角的分布式科研团队知识共享困境与对策研究 [J]. 管理现代化 , 2015, 35(01): 91-93.

[126] 阎亮 , 张治河 . 组织创新氛围对员工创新行为的混合影响机制 [J]. 科研管理 , 2017, 38(09): 97-105.

[127] 詹湘东 . 知识管理与企业技术创新协同关系研究 [J]. 技术经济与管理研究 , 2011(11): 42-45.

[128] 张军 , 许庆瑞 , 张素平 . 动态环境中企业知识管理与创新能力关系研究 [J]. 科研管理 , 2014(04): 59-67.

[129] 张军 , 许庆瑞 . 管理者认知特征与企业创新能力关系研究 [J]. 科研管理 , 2018, 39(04): 1-9.

[130] 张军 , 许庆瑞 . 知识积累、创新能力与企业成长关系研究 [J]. 科学学与科学技术管理 , 2014, 35(8) : 86-95.

[131] 张鹏程 , 刘文兴 , 卫武 . 家长式领导和组织价值观对成员知识活动的影响机理 [J]. 管理科学 , 2010, 23(2) : 77-85.

[132] 张丽华 , 朱金强 , 冯彩玲 . 员工创新行为的前因和结果变量研究 [J]. 管理世界 , 2016(06): 182-183.

[133] 张文勤 , 石金涛 , 刘云 . 团队成员创新行为的两层影响因素 : 个人目标取向与团队创新气氛 [J]. 南开管理评论 , 2010(05): 22-30.

[134] 张晓东 , 何攀 , 朱敏 . 知识管理模型研究述评 [J]. 科技进步与对策 , 2011(07): 156-160.

[134] 赵书松 . 中国文化背景下员工知识共享的动机模型研究 [J]. 南开管理评论 , 2013(05): 26-37.

[136] 赵斌 , 赵凤娜 , 李瑶 . 职业工作价值导向对主动创新行为的影响研究 [J]. 科研管理 , 2017, 38(08): 64-74.

[137] 郑俐 . 基于 SYB 模式探究高校创新创业教育改革 [J]. 现代教育管理 , 2018(09): 51-55.

[138] 郑淑红 . 大学生创业教育的基本依据与现实要求 [J]. 电子科技大学学报 (社科版), 2009, 11(03): 99-102.

[139] 仲秋雁 , 曲刚 , 宋娟 , 等 . 知识管理流派特征分析及内涵界定 [J]. 研究与发展管理 , 2010(02): 80-88.

[140] 周昱英，纪海波．怎样将“双创”教育融入专业教育[N]. 中国教育报，2018-11-13(011).

[141] 周文泳，项洋．中国各省市区域创新能力关键要素的实证研究[J]. 科研管理，2015(S1): 29-35.

[142] 周竺，孙爱英．知识管理研究综述[J]. 中南财经政法大学学报，2005(06): 28-34+144.

[143] 周文泳，项 洋．中国各省市区域创新能力关键要素的实证研究[J]. 科研管理，2015, 36(1): 29-35.

[144] 朱承亮，岳宏志，李婷．我国西部地区区域创新能力实证研究[J]. 科技管理研究，2009(10): 135-138.

[145] 左美云，许珂，陈禹．企业知识管理的内容框架研究[J]. 中国人民大学学报，2003(05): 69-76.